Von E. Gambsch sind außerdem erschienen:

Die 300 besten Party-Witze (Band 2648)
Die 300 besten Ärzte-Witze (Band 2768)
Die 300 besten Polizisten-Witze (Band 2769)
Die 300 besten Beamten-Witze (Band 2770)
Die 300 besten Psychiater-Witze (Band 2771)
Die 300 besten Ehe-Witze (Band 2772)
Die 300 besten Sex-Witze (Band 2773)
Die 300 besten Männer-Witze (Band 2779)
Die 300 besten Irren-Witze (Band 2780)
Die 300 besten Horror-Witze (Band 2781)
Die 300 besten Büro-Witze (Band 2782)
Die 300 besten Autofahrer-Witze (Band 2783)
Die 300 besten Juristen-Witze (Band 2784)
Die 300 besten Graf Bobby-Witze (Band 2785)
Die 300 besten Bayern-Witze (Band 2795)
Die 300 besten Schüler-Witze (Band 2796)
Die 300 besten Sportler-Witze (Band 2798)
Die 300 besten Vertreter-Witze (Band 2799)

Dieses Buch wurde auf chlor- und säurefreiem Papier gedruckt.

Originalausgabe Juli 1992

Umschlagillustration Dietmar Grosse
Satz IBV Satz- und Datentechnik GmbH, Berlin
Druck und Bindung Ebner Ulm
Printed in Germany 5 4 3 2 1
ISBN 3-426-02649-X

E. Gambsch (Hrsg.):
Die 300 besten Pfarrer-Witze

Mit Karikaturen von Dietmar Grosse

Knaur

Inhalt

»Herr, vergib ihnen, denn sie wissen nicht, was sie tun!«

oder

Lasset uns beten!

Die idyllisch gelegene kleine Kirche zieht immer wieder Besucher an. Über der Kirchentür prangt die Inschrift: *Vater, vergib ihnen, denn sie wissen nicht, was sie tun.*
Der Dorfpfarrer ist gerade dabei, diese Inschrift zu verhängen. Ein Besucher erkundigt sich nach dem Grund.
Sagt der Pfarrer: »Ja, wissen Sie, heute mittag haben wir eine Hochzeit.«

*

Der Pfarrer bittet um Spenden für die notwendig gewordene Kirchenrenovierung. Er läßt seinen Hut herumgehen.
Als die Kopfbedeckung wieder nach vorne zu ihm zurückgewandert ist, ist sie immer noch leer.
Da wendet er sich dem Altar zu, kniet nieder und betet laut: »Lieber Gott, angesichts dieser Gemeinde danke ich dir, daß wenigstens der Hut zurückgekommen ist!«

*

Der Seelsorger einer südafrikanischen Gemeinde stellt den weißen Gastprediger vor:
»Und wenn seine Haut auch weiß ist, liebe Brüder und Schwestern, seine Seele ist genauso schwarz wie unsere...«

*

Der junge Kaplan hat sich für die erste Predigt etwas Mut angetrunken.
Nach der Predigt bittet ihn der Herr Stadtpfarrer zu sich und spricht ihm seine Anerkennung aus.
»Allerdings«, fügt er hinzu, »sind Ihnen drei kleine Fehler unterlaufen. Erstens war die Hochzeit nicht in Kanada, sondern in Kanaan. Zweitens ist Lots Weib nicht zu einer Salzbrezel erstarrt, sondern zu einer Salzsäule, und drittens heißt es am Schluß Amen und nicht Prost!«

Während der kirchlichen Trauung wendet sich der Pfarrer verärgert an den Bräutigam und rügt:
»Junger Mann, ich bin gewohnt, daß man auf meine Frage mit einem klaren Ja antwortet und nicht mit einem Meinetwegen!«

Es sagte der Pfarrer:

»... und nun zu Ihnen, liebe Braut. Daß Sie stark im Glauben sind, das hoffen wir, daß Sie stark in der Liebe sind, das wissen wir, und daß Sie stark in der Hoffnung sind, das sehen wir!«

Der Pfarrer liest seine Predigt regelmäßig von seinem Manuskript ab, das er eine halbe Stunde vor Beginn des Gottesdienstes auf die Kanzel legt. Eines Sonntags entwendet ihm ein junges Gemeindemitglied heimlich die letzte Seite des Textes.
Der Pfarrer predigt eindringlich, bis er zu den Worten kommt: »Und Adam sprach zu Eva...« Er sieht mit Schrecken, daß das letzte Blatt fehlt. Während er hastig das Manuskript durchblättert, wiederholt er, um Zeit zu gewinnen: »Und Adam sprach zu Eva...« Dann murmelt er, über die Lautsprecheranlage überall deutlich hörbar: »... da fehlt doch ein Blatt.«

*

»Hochwürden ist schon wieder ziemlich besoffen«, zischt der eine Meßdiener dem anderen während der Andacht zu. »Eben betet er doch glatt: ... und versuche mich nicht in der Unterführung.«

Eine Hochzeit und eine Beerdigung sind irrtümlicherweise gleichzeitig angesetzt worden, eines von beiden muß daher verschoben werden.
Beschließt der Pfarrer: »Zuerst kommt die Trauung. Schließlich kann der Tote es sich nicht noch einmal überlegen...«

*

Ein Pfarrer hält eine erbauliche Predigt über Sinn, Zweck und Freuden des Ehestandes.
»Schön hat er gesprochen«, sagt ein Mann zu seinem Freund, als sie zusammen die Kirche verlassen.
»Sehr schön«, antwortet der andere. »Ich wünschte nur, ich hätte genauso wenig Ahnung von der Sache wie er.«

*

Es weihnachtet sehr, und der Dorfpfarrer erhebt laut und beschwörend seine Stimme:
»Wenn jetzt der Klingelbeutel durch eure Reihen geht, meine lieben Brüder und Schwestern in Christo, möchte ich kein Klappern und Klingeln mehr hören – nur leises Knistern...«

*

»Großartig«, meint der Pfarrer nach der Taufe zu den Eltern, »Ihr Baby hat sich sehr tapfer gehalten!«
»Kein Wunder«, antwortet der Vater stolz, »wir haben auch eine Woche lang mit der Gießkanne trainiert!«

*

Kreidebleich unterbricht der Bräutigam den Pfarrer bei der Trauung.
»Moment mal, *wie* lange, sagten Sie?«

Während seiner Sonntagspredigt kommt der Pfarrer auf das Thema Tatsachen und Glauben zu sprechen. Er definiert beides folgendermaßen:
»Daß Sie hier in der Kirche vor mir sitzen, ist eine Tatsache. Daß ich auf der Kanzel stehe und zu Ihnen spreche, ist ebenso eine Tatsache. Aber daß mir von Ihnen jemand zuhört, kann ich nur glauben.«

Es sagte der Pfarrer:

»Nach neuesten Forschungen werden sämtliche Engelsgewänder mit seidenen Schleifen gebunden, so daß sich der weitere Einwurf von Knöpfen in den Opferstock erübrigen dürfte...«

Räuber haben die Kirche geplündert und acht wertvolle Statuen gestohlen.
Sagt der Pastor zum Reporter: »Bitte schreiben Sie, es wären zehn Figuren gewesen, dann kriegen sich die Kerle und ihre Hehler in die Haare.«

*

Der Pastor hat der Gemeinde angekündigt, daß der Gegenstand seiner heutigen Predigt die Lüge sein werde.
»Wer von euch«, so fragt er jetzt von der Kanzel, »hat, wie ich euch gebeten habe, das neunundzwanzigste Kapitel Matthäi gelesen?«
Einige Hände fliegen in die Höhe.
»Seht ihr, seht ihr!« Seine Stimme schwillt zu einem Donnern an. »Deshalb habe ich beschlossen, heute über das Lügen zu reden. Es gibt nämlich kein solches Kapitel!«

LIEBE GEMEINDE,
DIE IHR HIER VERSAMMELT SEID-
DIE PREDIGT FÄLLT HEUTE AUS,
DENN ICH HABE EUCH ETWAS
ZU SAGEN.

Hochwürden hat einen »sprechenden Opferstock« konstruiert, um die Spendenfreudigkeit seiner Schäflein zu stärken. In den Opferstock seiner Kirche hat er ein kleines Tonbandgerät eingebaut.
Jedesmal, wenn etwas in den Opferstock geworfen wird, ertönt aus dem Innern die Frage: »Na, ist das alles?«

*

Ein Brautpaar kommt aus der Kirche. Zwei Lausejungen stehen am Eingang. Der eine stößt den anderen an.
»Du, paß auf, denen werd' ich mal einen Schrecken einjagen!«
Er läuft auf das Paar zu, reißt die Arme hoch und jubelt: »Papi! Papi!«

*

Markus kommt aus dem Kindergottesdienst.
»Na«, fragt seine Mutter, »wie hat es dir denn gefallen?«
»Och, es geht.«
»Und der Pfarrer, über was hat er denn geredet?«
»Über die Sünde.«
»Und was hat er gesagt?«
»Er war dagegen.«

*

Der Pfarrer der Kirche Unserer Lieben Frau von der Vorsehung verteilt am Ende der Messe fromme Bildchen mit der Aufschrift:
Bei achtzig Kilometer pro Stunde singen Sie: »Freut euch des Lebens«. Mit hundertzwanzig das Lied: »Auf in den Kampf, Torero«. Bei hundertfünfzig: »Näher zu Dir, o Gott«. Und bei zweihundert Kilometer pro Stunde singen andere für Sie das »Requiem«!

»Warum bringst du deinen Heinrich denn immer derart betrunken mit in die Kirche?« fragt der Pfarrer mißbilligend die Ehefrau nach der Sonntagsmesse.
Sie ist ziemlich verlegen. »Wenn er nüchtern ist, will er nicht, Hochwürden!«

*

Nach dem Gottesdienst geht Natascha zum Pfarrer und sagt:
»Ihre Predigt über sexuelle Sünden war wirklich interessant. Sie haben einige Dinge erwähnt, auf die ich bisher noch gar nicht gekommen bin!«

*

Der Pfarrer verkündet seiner Gemeinde das Evangelium und schildert, wie Jesus mit fünf Broten fünftausend Menschen gesättigt habe, sagt aber statt fünftausend fünfhundert.
Als ihm sein Ministrant zuraunt, er habe sich in der Zahl geirrt, im Evangelium sei von fünftausend die Rede, sagt er: »Sei doch ruhig, du Schlaumeier, die glauben ja kaum an die fünfhundert!«

*

Der Bachhuber Georg wohnt auf einem einsamen Gehöft zwischen zwei Kirchdörfern. Er geht meistens in die Kirche des fremden Pfarrsprengels, und das kränkt den Pfarrer der eigenen Kirchengemeinde. Er fragt deshalb den Bachhuber, ob vielleicht im anderen Dorf die Predigt besser sei.
Darauf der Bachhuber: »Ach nein, Herr Pfarrer, mit der Predigt ist das gehupft wie gesprungen, aber das Bier ist halt drüben besser.«

Der Pfarrer predigt am Sonntag über die Bescheidenheit. Nach seinen eindringlichen Ausführungen kommt er zu der Schlußfolgerung:
»Was hilft uns denn das Viele, meine Lieben, wenn wir es nicht mit hinübernehmen können ins ewige Leben. Lieber ein bißchen weniger und davon eine anständige Portion!«

Es erklärte der Missionar:

»Es gibt Nüsse von unterschiedlicher Härte – Erdnüsse, Haselnüsse, Kokosnüsse – aber die härteste Nuß ist die Unbefleckte Empfängnis.«

Der junge Pfarrer hält seine erste Predigt. Immer wieder gerät er aus dem Konzept, denn vorn in der ersten Reihe sitzt eine Frau, die in ihr Taschentuch schluchzt.
Nach dem Gottesdienst wartet er draußen vor der Kirche auf die Frau und fragt sie, warum sie denn geweint habe. So traurig sei das Thema seiner Predigt doch gar nicht gewesen.
»Nein, das nicht«, meint sie, »aber ich bin Witwe, und mein einziger Sohn studiert Theologie. Da habe ich heute immerzu denken müssen, wenn der eines Tages auch so schlecht predigt, hab' ich das ganze Geld für sein Studium umsonst ausgegeben.«

*

Schild in einer katholischen Kirche: *Es ist ebenso verwerflich und unchristlich, den Opferstock zu berauben, wie einer Jungfrau die Unschuld zu nehmen!*
Einige Tage später steht darunter ein handschriftlicher Zusatz: *Beides ausprobiert. Kein Vergleich!*

Meiers Frau ist gestorben. Er steht am Grab und ist nicht sehr traurig, denn sie war ein rechter Hausdrachen.
Der Pfarrer spricht gerade das Gebet, als sich mit Blitz und Donner ein Gewitter entlädt.
Meint Meier zu einem Nachbarn: »Komm, wir können gehen, sie ist schon oben.«

*

Der Herr Stadtpfarrer hält wieder einmal eine Grabrede, daß alles in Tränen aufgelöst ist. Dann kommt er zum Höhepunkt.
»Liebe Trauergemeinde! Wie sehr teile ich euren Schmerz, bin ich doch selber ein Leidtragender! Denn solche Dampfnudeln, wie die liebe Verblichene gemacht hat, kriege ich in meinem ganzen Leben nicht mehr!«

*

Wieder einmal hat der Pfarrer seiner Gemeinde kräftig eingeheizt und über die Sünde des unehelichen Beischlafs gewettert. Nach dem Gottesdienst wartet vor der Kirche ein junger Mann und fragt ihn: »Sagen Sie, Hochwürden, ist es denn wirklich so eine furchtbare Sünde, wenn man mit einem jungen Mädchen schläft?«
»Das nicht«, brummt Hochwürden. »Aber ihr jungen Leute – ihr schlaft ja nicht!«

Es verkündete der Pfarrer:

»Unser Orgelspieler kann heute leider nicht hier sein. Ich stimme daher jetzt das Lied einhundertsechzig an, danach fällt die ganze Kirche ein!«

Die Boxerbraut heiratet. Viele Mannschaftskameraden kommen in die Kirche.
Der Herr Pfarrer fragt einen Sportsfreund: »Sind Sie der Bräutigam?«
»Nein«, antwortet der Gefragte. »Ich hätte es werden können. Aber nach einer Proberunde habe ich freiwillig aufgegeben.«

*

Der junge Pfarrer ist bei seiner allerersten Taufe recht nervös. Unsicher fragt er die Mutter, die mit dem Säugling auf dem Arm vor ihm steht:
»Also, dies ist – hmm – Ihr jüngstes Kind, wenn ich recht verstehe, liebe Frau?«

*

Der neue Pfarrer ist ein Eiferer. Für die Liebe zwischen Mann und Frau scheint er nicht viel übrig zu haben. Pathetisch beendet er seine Predigt: »Und eines solltet ihr immer bedenken: Wer schläft, ihr Lieben, sündigt nicht!«
Da ertönt von hinten ein zartes Stimmchen: »Aber wer vorher sündigt, schläft viel besser!«

*

Sollte der Kaplan vom Meßwein gekostet haben? Gerade verkündet er:
»Sündigen Sie ruhig, denn ohne Sünde keine Reue, ohne Reue keine Tränen, ohne Tränen keine Taschentücher, ohne Taschentücher keine Textilindustrie, ohne Textilindustrie keine Weltwirtschaft, ohne Weltwirtschaft keine Völkerverständigung, ohne Völkerverständigung gibt es Krieg, und Krieg wollen wir nicht, deshalb: Sündigen Sie!«

Bei dem Begräbnis eines bankrotten Bankiers predigt der Pfarrer emphatisch: »Verehrte Trauernde! Groß, ja übergroß ist unser Verlust...«
Flüstert einer aus der Trauergemeinde seinem Nachbarn zu: »Ich wußte gar nicht, daß der Herr Pfarrer auch zu seinen Gläubigern gehört!«

*

Am Samstag fragt der Pfarrer seinen neuen Kaplan, worüber er am Sonntag predigen wolle.
»Über die Tugend der Sparsamkeit«, antwortet der Kaplan.
»Gut«, meint der Amtsbruder und setzt nach einem Moment hinzu: »Dann wollen wir aber die Kollekte lieber vorher abhalten.«

Es wunderte sich der Pfarrer:

»Das ist das kleinste Kind, das ich je getauft habe!«
»Na ja, Herr Pfarrer, eigentlich hätte es gar keins werden sollen!«

Hochwürden verdammt in seiner Ansprache wieder einmal die Laster der Menschen. Die Zuhörer machen betretene Gesichter.
»Die Schlange des Neides habe ich schon lange überwunden«, verkündet Hochwürden gerade, »die Schlange der Übervorteilung habe ich erdrosselt, und die Schlange der Wollust habe ich ebenfalls getötet!«
Da flüstert eine Zuhörerin ihrer Nachbarin zu: »Er lügt! Die dritte Schlange ist von allein gestorben!«

Fragt der Pfarrer vor der Taufe: »Wie soll der Kleine denn heißen?«
»Peter Johannes Paul Rudolf Wilhelm Sebastian Werner Friedhelm Siegfried«, zählt der Vater auf.
Da wendet sich der Pfarrer zum Kirchendiener. »Na, wenn das so ist, brauchen wir aber viel mehr Wasser!«

*

Unerbittlich führt der Pfarrer seinen Feldzug gegen die Laster der Menschheit und warnt seine Zuhörer: »Das Unglück beginnt schon mit einer Zigarette! Dann das Faulenzen, die Nachlässigkeit, Fressen und Saufen, die geilen Mädchen ...«
Ertönt eine Stimme aus der hintersten Reihe: »Verzeihung, Hochwürden – wo gibt es denn diese Zigaretten?«

Es fragte der Pfarrer:

»Sag mal, Florian, weißt du eigentlich, was mit kleinen Jungen passiert, die sonntags nicht in die Kirche gehen und statt dessen lieber Fußball spielen?«
»Klar. Die spielen eines Tages in der Bundesliga und verdienen einen Haufen Geld.«

»Was meinen Sie«, fragt der Pfarrer die Braut, »soll ich den Spruch auswählen: Wo du hingehst, da will auch ich hingehen?«
Errötend antwortet die Braut: »Also, Herr Pfarrer, ich weiß nicht recht. Mein zukünftiger Mann ist Briefträger ...«

Es fragte der Kirchgänger:

»Hängt an Ihrer Kirchentür auch dieses kleine Schild – *Du bist nicht zu schlecht, um einzutreten, aber auch nicht zu gut, um draußen zu bleiben?*«

Der bayerische Pfarrer ist mit seiner sündhaften Gemeinde überhaupt nicht zufrieden und predigt eindringlich über die Qualen der Hölle. Erst weinen nur einige ältere Frauen, dann auch jüngere, schließlich schluchzt die ganze Gemeinde. Am Ende hat auch der Pfarrer Tränen in den Augen.
Gerührt betrachtet er seine Schäfchen und ruft dann mit erstickter Stimme: »Tröstet euch, ihr Lieben, tröstet euch, vielleicht ist ja alles gar nicht wahr, und vielleicht brennt in der Hölle ja auch gar kein Feuer...«

*

Die kleine Susanne kommt von der Sonntagsmesse nach Hause. Fragt der Vater: »Na, was hat der Pfarrer denn heute gesagt?«
»Och«, meint Susannchen, »er hat gesagt, die Eltern sollen ihre Kinder nicht so viel fragen, sondern lieber selbst in die Kirche gehen!«

*

Sonntagspredigt in der Dorfkirche.
»Ihr schaut immer nur auf das Äußere, auf das hübsche Gesicht und den Minirock«, wettert der strenge neue Kaplan gegen die leichtfertigen Liebschaften der jungen Männer. »Ich aber sage euch: Ihr solltet mehr das sehen, was darunter ist!«

Vor der Taufe betrachtet der Geistliche den in feierliches Schwarz gekleideten Mann etwas unwillig.
»Sie sind doch viel zu jung, um Pate sein zu können.«
Der junge Mann macht eine Verbeugung und flüstert: »Ich bin nicht der Pate, ich bin der Vater!«

*

»Meine Zeit ist begrenzt«, sagt der Pfarrer ungeduldig zur Braut, »wo bleibt denn nur Ihr Bräutigam?«
Die Braut bricht in Tränen aus. »Ich glaube«, schluchzt sie, »er hat doch noch eine Karte für das Fußball-Länderspiel bekommen!«

*

Die kleine Landgemeinde, so besagen die Gerüchte, lebt in Sünde. Und so entschließt sich der Pfarrer, seiner Gemeinde von der Kanzel herab die Leviten zu lesen.
»Fürchterliche Dinge geschehen«, tobt er. »Männer fallen über die Frauen und Töchter ihrer Freunde her, unterhalten sündhafte Beziehungen untereinander, und dann die verfluchte Sodomie! In dieser Gemeinde treibt man Unzucht mit Hunden, Pferden, Kühen, Schweinen, Ziegen, Schafen, Hühnern...«
Unterbricht ihn eine skeptische Stimme aus der Gemeinde: »Hühner?«

*

Während der kirchlichen Trauung vergißt der etwas zerstreute Bräutigam, den Ring hervorzuholen. Der Pfarrer deutet mit einer entsprechenden Geste an, wie man einen Ring an den Finger steckt.
Der Bräutigam wird rot und sagt verlegen: »Aber Hochwürden – doch nicht hier vor allen Leuten!«

DIE LEUTE SIND
HEUTZUTAGE SO NERVÖS,
DASS MAN SIE NICHT EINMAL
MIT EINER PREDIGT
EINSCHLÄFERN KANN.

Der Pfarrer hat seinem Papagei beigebracht, brennende Streichhölzer aus seinem Käfig über der Kanzel hinunterzuwerfen, sooft er die Worte hört: »Es fiel Feuer vom Himmel.«
Eines Sonntags, als der Geistliche wieder einmal von der Kanzel wettert und die Zornesausbrüche seines direkten Vorgesetzten beschreibt, setzt er auch wieder seinen geliebten Bibelvers ein: »... und es fiel Feuer vom Himmel.«
Diesmal geschieht jedoch nichts, und er ruft: »Ich wiederhole: Es fiel Feuer vom Himmel!«
In diesem Moment steckt der Papagei seinen Kopf durch die Käfigstäbe und krächzt: »Die verdammte Katze hat auf die Streichhölzer gepinkelt!«

*

Ein Bauer ist gestorben. Der Pfarrer besucht die Witwe und fragt: »Wann soll die Beerdigung sein?«
»Heute in einer Woche«, antwortet die Witwe sehr bestimmt.
»Aber liebe Frau«, sagt der Pfarrer verdutzt, »warum wollen Sie so lange warten?«
»Vierzig Jahre war ich mit ihm verheiratet«, erklärt ihm die Witwe, »und in all diesen Jahren war mein Mann jeden Sonntag außer Haus: im Kegelklub, im Gesangsverein, bei den Schützen, beim Kirchenchor, ich weiß gar nicht, was ihm sonst noch alles eingefallen ist. Und ich schwör's Ihnen: Diesen Sonntag bleibt er zu Hause!«

*

Ein Psychiater untersucht einen Pfarrer und fragt: »Reden Sie vielleicht im Schlaf?«
»Unmöglich«, erklärt Hochwürden. »Ich rede nur, wenn andere schlafen!«

Der Dorfpfarrer ist ein recht derber Zeitgenosse. Und er ißt und trinkt auch gern.
»Ein gottloses Volk lebt in diesem Dorf hier«, wettert er am Sonntag. »Da steht man auf der Kanzel und predigt Gottes Wort, auf daß sich die Menschen läutern – und die Hälfte der Gemeinde sitzt im Wirtshaus und frißt einem die frischen Weißwürste weg!«

*

Es ist ein strenger Winter, und die Kirche ist nicht geheizt. Während die Gemeinde vor sich hin friert, hat sich der Pfarrer jetzt so richtig schön warm geredet.
»Johannes aber erhielt den Beinamen ›der Täufer‹. Wer war dieser Johannes? Was bedeutet er uns heute? Wohin setzen wir ihn? Setzen wir ihn neben die Jünger, die Jesu gefolgt sind? Setzen wir ihn neben die Apostel? Neben Petrus? Neben Paulus? Oder setzen wir ihn neben den Herrn selbst?«
Da steht ein Mann in einer der vorderen Reihen auf und sagt: »Wenn ihm auch so kalt ist wie mir, kann er sich hierher setzen. Da ist der Sitz noch warm. Ich geh' jetzt nämlich nach Hause.«

*

»Herr Pfarrer, haben Sie eigentlich den Mantel zurückbekommen, den man Ihnen letzte Woche gestohlen hat?«
»Teilweise. Einige Knöpfe lagen im Klingelbeutel.«

*

Ein junges Paar kommt am Donnerstag zum Pfarrer und möchte am Sonntag getraut werden. Der Pfarrer meint, so schnell gehe das nicht.
Sagen die beiden: »Uns egal, wie Sie das regeln – wir fangen Sonntag an!«

Ein bayerischer Pfarrer staucht während der Predigt seine Gemeinde von der Kanzel nach allen Regeln der theologischen Kunst zusammen.
Flüstert der Ochsenwirt seinem Nachbarn, einem Feriengast, zu: »So schlecht sind wir gar nicht. Er ist bloß sauer, weil wir ihm gestern beim Schafkopfen zwanzig Mark abgeknöpft haben.«

*

Seit Jahren gehen Möllners regelmäßig jeden Sonntag in die Kirche. Eines Tages trifft der Pfarrer Frau Möllner zufällig auf der Straße.
»Warum ist eigentlich Ihr Mann letzten Sonntag mitten in der Predigt aufgestanden und hinausgegangen?« will er wissen.
»Aber, Hochwürden, Sie kennen ihn doch. Er ist eben ein Schlafwandler!«

Es lobte der Kirchgänger:

»Wir haben einen modernen Pfarrer. Er sagt uns in seinen Predigten, wie man in der Welt von heute den Glauben bewahren kann.«
»Unserer ist noch moderner. Er sagt uns, was wir nicht mehr zu glauben brauchen.«

Der Pfarrer donnert von der Kanzel: »Ich habe kein Mitleid mit einem skrupellosen jungen Mann, der sich jede Nacht herumtreibt und die Mädchen verführt, ohne an Ehe und Familie zu denken!«
Stimme aus dem Hintergrund: »So ein Mensch braucht auch wirklich kein Mitleid!«

Am Sonntag predigt der Pfarrer über die zehn Gebote. Als er mit gewaltiger Stimme in die Kirche donnert: »Du sollst nicht stehlen!«, zuckt in der ersten Reihe einer der Gläubigen zusammen und schaut sich nervös um. Doch als der Pfarrer fortfährt: »Du sollst nicht ehebrechen!«, lehnt er sich wieder zufrieden zurück.
Nach dem Gottesdienst spricht ihn der Pfarrer an und fragt, was ihm denn für Gedanken während der Predigt gekommen seien.
»Ach, wissen Sie, Hochwürden, ich hab' meine Brieftasche vermißt, aber beim Ehebruch ist mir wieder eingefallen, wo ich sie habe liegenlassen.«

*

Hochwürden geht leidenschaftlich gern zum Angeln – ohne Angelschein. Die Messe sollte schon beginnen, da stürzt er in die Sakristei, die Beute unterm Rock versteckt. Der Mesner hängt ihm schnell das Meßgewand über, und schon schreitet Hochwürden mit den Ministranten in die Kirche.
Während des Gottesdienstes flüstert ihm der Mesner zu, daß die Fische immer nach zappeln.
»Macht nix!« zischelt Hochwürden zurück. »Beim *mea culpa* erschlag ich sie!«

*

Der kleine Florian aus Frankfurt darf seine Tante auf dem Land besuchen. Sie ist eine sehr fromme Frau und geht gleich am ersten Tag mit dem Neffen in die Kirche. Sie knien beide vor dem Altar nieder, und die Tante betet vor dem rötlich schimmernden Ewigen Licht.
Plötzlich stößt der Junge die Tante an.
»Was ist denn?« flüstert sie.
»Sag mal, Tante, wann kommt da vorn endlich wieder Grün?«

Ein Schäfer hat seinem Hund gerade befohlen, neben der Kirchentür sitzen zu bleiben, und die Kirchentür geöffnet, als er Hochwürden predigen hört: »...und so bleibt ein guter Hirte immer bei seinen Schafen!«
Der Schäfer macht die Tür wieder zu und meint zu seinem Hund: »Komm, Hasso, wir gehen. Jetzt fängt er an zu stänkern!«

*

Von der Kanzel wettert der Pfarrer gegen den außerehelichen Geschlechtsverkehr: »Ist denn eine Stunde des Vergnügens ein Leben in Schande wert?«
Zwischenruf aus der letzten Reihe: »Was macht man, damit es eine Stunde dauert?«

*

Der Pfarrer gerät in Verlegenheit, als das Brautpaar erscheint: Beide haben lange, wallende Haare, sind betont salopp gekleidet, tragen weite, dunkle Hosen, lange Hemden – wer ist hier Braut und wer Bräutigam?
Schließlich kommt dem Pfarrer die rettende Idee. Höflich bittet er: »Und hat nun bitte einer von Ihnen die Liebenswürdigkeit, die Braut zu küssen?«

*

Zwei Pfarrer unterhalten sich über die Abrechnung der Kollekte. Sagt der eine: »Ich trenne das Papiergeld vom Münzgeld und behalte die Scheine für den Herrn und die Münzen für mich.«
Meint der andere listig: »Ich nehme das Ganze und werfe es in die Luft. Dann sage ich: Herr, nimm, was du brauchst! Und was herunterfällt, gehört mir...«

»Willy«, sagt der Kirchendiener und hält den Klingelbeutel hin. »Willy, komm, los, gib etwas!«
Willy schüttelt trüb den Kopf. »Kann ich nicht. Hab' zu viele Schulden.«
»Du weißt doch, Willy, du schuldest Gott mehr als irgendeinem Menschen.«
»Ja, ja, aber er drängelt nicht so wie die anderen!«

Es überlegte der Pfarrer:

»Reich ist die Braut nicht, das wissen wir. Schön ist sie nicht, das sehen wir. Also kann es nur die wahre Liebe sein!«

Ein kleiner Junge, der zum erstenmal an einer Trauung teilnimmt, fragt: »Sag mal, Mama, warum ist die Braut in Weiß?«
»Weil sie sehr glücklich ist und weil Weiß die Farbe der Freude ist.«
»Aha. Und warum trägt dann der Bräutigam Schwarz?«

*

Ein Prediger, der für seine originellen Predigten bekannt ist, muß von einer Frauenorganisation einen Rüffel einstecken.
Er hatte nämlich in seiner Sonntagspredigt gesagt: »Die schlechten Männer sind wie Schwefelhölzer, die überall Feuer fangen, die guten aber sind wie die schwedischen Streichhölzer: Sie entflammen sich nur an der eigenen Schachtel!«

Eines Tages hat der Pfarrer an der Kirchentür eine neue Tafel angebracht. Darauf steht: *Laß ab von deinen Sünden und rufe den Herrn an!*
Am nächsten Tag hängt darunter ein Zettel: *Andernfalls wähle 68 72 13!*

»Mach's wie ich – mach ein Neues Testament!«

oder

Die einzig wahre (Kirchen-)Lehre

Der Papst sagt zu seinen Kardinälen: »Ich habe eine gute und eine schlechte Nachricht für euch. Zuerst die gute. Gott hat mich angerufen – er weilt wieder auf der Erde.«
»Oh, Heilige Jungfrau Maria! Und die schlechte Nachricht?«
»Es war ein Ferngespräch aus Mekka.«

Es fragte der Spötter:

»Kennen Sie schon den neuen vatikanischen Gruß?«
»Nein, wie heißt er denn?«
»Verhüt's Gott!«

Der Apotheker diskutiert mit dem Pfarrer.
»Fast zweitausend Jahre, Herr Pfarrer, gibt es jetzt das Christentum. Und doch hat es in dieser langen Zeit die Menschheit nicht besser gemacht.«
»Und seit fast zwanzig Millionen Jahren«, erwidert der Pfarrer, »gibt es Menschen auf dieser Erde. Aber schauen Sie sich um: Haben die in dieser langen Zeit die Erde besser gemacht?«

*

Ein evangelischer Geistlicher und ein Jesuit streiten sich um die Vorzüge ihres Glaubens. Da es keine Verständigung gibt, macht der Jesuit am Ende einen freundlichen Vorschlag:
»Lassen wir doch diese sinnlose Diskussion! Schließlich dienen wir beide ein und demselben Herrn – Sie auf Ihre Weise und ich auf die seinige!«

Ein Moslem will sich taufen lassen und fragt einen christlichen Beamten, welche Kleidung bei der Zeremonie wohl angemessen sei.
Der gerät etwas in Verlegenheit. »Da ist guter Rat teuer – normalerweise haben die Täuflinge bei uns Windeln an.«

*

Moses führt das Volk Israel aus der ägyptischen Gefangenschaft. Als sie am Roten Meer ankommen, fragt Moses einen weisen alten Mann: »Was würdest du vorschlagen, was sollen wir machen?«
»Am besten wird sein, wir bauen eine Brücke«, antwortet der Alte.
»Biste meschugge?« antwortet Moses. »Siehst du nicht dahinten die Ägypter, die hinter uns her sind? Aber wie wär's, wenn ich die Arme ausbreite, und das Meer teilt sich, und wir gehen trockenen Fußes hindurch?«
»Wenn du das schaffst«, ruft der Weise, »dann bekommst du garantiert mehrere Seiten in der Bibel!«

*

Bei einer Audienz im Vatikan gratuliert ein Teilnehmer dem Papst zum Namenstag.
»Das muß ein Irrtum sein«, erwidert der Heilige Vater, »heute ist weder Johannes noch Paul.«
Stellt der Gratulant richtig: »Da haben Sie recht, aber heute ist der zweite.«

*

Der Rabbi fleht zu Gott: »Mein Sohn ist Christ geworden! Was soll ich tun?«
Gottvater antwortet: »Mach's wie ich, mach ein Neues Testament!«

Bei einem Essen im Anschluß an eine Priesterweihe hört ein Pfarrer einen Novizen gegen den Zölibat der Priester schimpfen.
»Mein Lieber«, sagt der Pfarrer, »wenn Sie bei mir Kaplan wären, brächte ich Sie rasch dazu, Ihre Meinung über die Priesterehe zu ändern.«
»Da wäre ich aber gespannt auf Ihre Argumente.«
»Argumente wären nicht notwendig. Sie müßten nur einigen Verheirateten die Beichte abnehmen.«

*

»Diesmal müssen Sie mir die Haare besonders gut schneiden«, bittet Weppelmann seinen Friseur. »Ich fliege mit Alitalia nach Rom, steige im Excelsior ab und habe eine Audienz beim Papst.«
Darauf der Friseur: »Die Fluggesellschaft ist die schlechteste der Welt, das Excelsior eine alte Bruchbude. Rom ist zu dieser Jahreszeit nur langweilig, und bei der Audienz werden Sie einer unter Tausenden sein und ganz hinten stehen.«
Nach fünf Wochen kommt Weppelmann wieder zum Haareschneiden.
»Na, wie war's?« will der Friseur wissen.
»Der Flug war toll, das Hotel erste Klasse, die Stadt ein Traum. Der Papst hat sich eine Viertelstunde mit mir unterhalten, und als er mir die Hand auf den Kopf legte, sagte er: ›Ihr Haarschnitt ist gräßlich, Sie sollten sich einen anderen Friseur suchen.‹«

*

»Du behauptest also, daß es keinen Gott gibt«, sagt ein Hamster zum anderen. »Aber wer gibt uns dann unser täglich Futter?«

Ein Amerikaner macht mit seinem Auto eine Fahrt durchs Heilige Land. Am See Genezareth will er übersetzen und fragt den Fährmann nach dem Preis.
»Hundert Dollar«, antwortet der.
»Was«, sagt der Amerikaner, »so viel?«
»Na ja«, meint der Israeli, »schließlich ist Jesus hier zu Fuß rübergegangen.«
Meint der Amerikaner: »Kein Wunder bei den Preisen.«

Es fragte der Religionslehrer:

»Was ist ein Domherr? – Der Versuch des lieben Gottes, die menschliche Haut aufs äußerste zu spannen.«

Der Generalvertreter von Daimler-Benz in Italien wird beim Papst vorstellig mit der Bitte, das Wort »Mercedes« in das Vaterunser aufzunehmen. Er bietet dafür eine Spende an die Kirche von hunderttausend Mark, von fünfhunderttausend, schließlich von einer Million. Alles vergebens.
Als das Gespräch beendet ist, flucht er vor sich hin: »Ich möchte bloß wissen, was Fiat denen bezahlt hat, damit es heißt ›fiat voluntas tua‹?«

*

Jedes Wochenende betet David zu Gott: »Gib, daß ich gewinn die Lotterie!« Das geht nun schon jahrelang so. Am zwanzigsten Jahrestag fällt er wieder auf die Knie und fleht zum Himmel: »Gib, daß ich gewinn die Lotterie!«
Plötzlich ist der Raum hell erleuchtet, und er hört eine Stimme: »David, gib mir a Chance, kauf dir endlich a Los!«

GOTT IST ÜBERALL –
NUR NICHT IN ROM.
DORT HAT ER
EINEN STELLVERTRETER.

Ein Katholik, ein Protestant und ein Jude werden gemeinsam zu einer Audienz beim Papst zugelassen.
Der Papst wendet sich zuerst an den Katholiken. »Da Sie unserer Kirche angehören, erlaube ich Ihnen, mir die Hand zu küssen.«
Dann sagte er zu dem Protestanten: »Doch auch Sie sind ein Christ, darum dürfen Sie mir die Füße küssen.«
Da dreht sich der Jude um und geht. »Nu, ich denk mir schon«, murmelt er vor sich hin, »was ich ihm kann.«

*

Jesus, Petrus und Johannes gingen auf der Straße und kamen zu einem Fluß. Jesus ging trockenen Fußes über den Fluß, Petrus hinter ihm. Johannes machte ein paar Schritte – und blub, blub stand ihm das Wasser bis zum Bauch.
Petrus drehte sich um und sagte: »Johannes, glauben und beten!«
Johannes nahm einen zweiten Anlauf – und blub, blub stand er wieder im Wasser.
Petrus drehte sich um – da sagte Jesus: »Petrus, mach keinen Quatsch, zeig ihm, wo die Steine sind!«

*

Der Bischof hat sich zu Besuch im Kloster angesagt. Als er am späten Vormittag eintrifft, hat man ein gutes Frühstück vorbereitet. Da er aber ablehnt, wird er vom Abt genötigt.
»Aber ich bitte Sie, eine kleine Stärkung.«
»Es tut mir leid«, meint der Bischof, »aber es ist völlig unmöglich. Erstens habe ich schon zweimal gefrühstückt, und zweitens ist heute Fasttag.«

Jesus kommt in die Wüste. Plötzlich trifft er einen alten Mann, der bitterlich weint.
Jesus fragt ihn: »Was ist denn, guter Mann?«
»Ach«, sagt dieser, »ich habe meinen einzigen Sohn verloren.«
Da fragt Jesus: »Wie sieht er denn aus? Vielleicht kann ich dir helfen.«
Der alte Mann antwortet: »Er hat Löcher in Händen und Füßen.«
Darauf sagt Jesus: »Vater!«
Und der alte Mann ruft vor Freude: »Pinocchio!«

Es fragte der gute Christ:

»Kann man seiner Sonntagspflicht genügen, indem man einer Messe vor dem Fernseher andächtig beiwohnt?«
»Im Prinzip nein. Jedenfalls so lange nicht, bis eine Möglichkeit gefunden ist, den Klingelbeutel durch die Röhre zu schieben.«

Ein katholischer Priester und ein Rabbi sitzen sich im Zug gegenüber.
Fragt der Priester: »Ihre Religion verbietet es doch, Schweinefleisch zu essen. Haben Sie der Versuchung einer Kostprobe immer widerstehen können?«
»Nun ja, so ein- bis zweimal...« Der Rabbi schmunzelt.
»Und wie steht es bei Ihnen mit dem Zölibat?«
»Ich muß gestehen, auch ich bin ein- bis zweimal der Versuchung erlegen«, gibt der Priester zu.
Nach einer Weile bemerkt augenzwinkernd der Rabbi: »...besser als Schweinefleisch, was?«

Zwei katholische Geistliche unterhalten sich über den Zölibat.
»Glauben Sie«, meint der eine, »daß er nicht doch in absehbarer Zeit aufgehoben wird?«
»Ich fürchte, so schnell wird man sich in Rom nicht dazu entschließen. Wir jedenfalls werden es sicher nicht mehr erleben. Vielleicht unsere Kinder.«

*

Ein Rabbiner und ein katholischer Bischof sitzen bei einem Festessen nebeneinander.
Sagt der Bischof zum Rabbiner: »Wann werden Sie endlich so tolerant sein und diesen köstlichen Schweinebraten essen?«
Antwortet der Rabbiner: »An Ihrem Hochzeitstag, Exzellenz.«

*

Ein Jesuit und ein Dominikaner unterhalten sich.
»Und wie, glauben Sie, wurde Jesus geboren? Mit offenen oder geschlossenen Augen?« fragt der Jesuit.
»Zweifellos mit offenen Augen«, meint der Dominikaner. »Aber als er sich dann in dem Stall umsah und den Ochsen und den Esel erblickte, schloß er sie wieder und dachte: Das ist nun die Gesellschaft Jesu!«

Es fragte der Quizmaster:

»Was sagt man zu einem Priester? – Hochwürden.
Was sagt man zu einem Kardinal? – Eminenz.
Was sagt man zum Papst? – Heiliger Vater.
Was sagt man zum Bundeskanzler? – O Gott!«

WELCHER UNTERSCHIED BESTEHT ZWISCHEN DEM PAPST UND DER PILLE?
DIE PILLE IST UNFEHLBAR.

»Mein Thron wackelt«, sagt der Papst zu seinem Kämmerer. »Sehen Sie doch mal nach, woran das liegt.«
Der Kämmerer kniet sich nieder, hebt ein Bein des Thrones an und zieht etwas drunter hervor.
»Kein Wunder«, sagt er und blickt bestürzt auf das Ding in seiner Hand.
»Was war es denn?« fragt der Papst.
»Eine Pille!«

Es beteuerte der Kardinal:

»Ich bin natürlich für die Enzyklika des Heiligen Vaters. Nur die Sache mit der Antibabypille ist mir noch nicht ganz klar: Muß man die Pille dem Baby eigentlich vor oder nach der Mahlzeit geben?«

Die Diskussion um Verhütung und besonders den Gebrauch der Pille hatte sich von seiten der Kirche durch die Enzyklika des Papstes verschärft.
Birgit beschloß daraufhin, aus der Kirche auszutreten, und zwar mit der Begründung: »Wie kann einer, der ein Spiel nicht spielt, dafür die Regeln aufstellen?«

*

Als der Papst auf den Philippinen landet, fragt ihn ein vorwitziger Reporter, ob er in Manila Nachtclubs besuchen wolle.
Darauf der Papst lächelnd: »Sagen Sie mal, gibt es denn überhaupt Nachtclubs in Manila?«
Am nächsten Tag steht in der Zeitung die Schlagzeile: *Erste Frage des Papstes bei der Ankunft in Manila: ›Gibt es hier Nachtclubs?‹*

Ein amerikanischer Getränkemillionär fragt anläßlich einer Privataudienz den Papst: »Was würde es kosten, wenn Sie meine Getränkemarke mit in das Vaterunser einbauen ließen?«
Der Papst ruft seinen Nuntius an. »Was haben wir damals von der Bäckerinnung bekommen, als wir den Passus ›Unser täglich Brot gib uns heute‹ mit reingenommen haben?«

»Was versteht so ein Dorfpfarrer schon von solchen Sachen!«

oder

Beichtstuhl-Geheimnisse

Eine junge Frau klagt bei der Beichte über ihre Eheprobleme. »Wenn es gar nicht anders geht«, sagt sie, »lasse ich mich scheiden.«
»Was?« meint der Pfarrer da empört. »Scheiden wollen Sie sich lassen, weil Ihr Mann Sie verprügelt? Prügeln Sie ihn in Gottes Namen eben auch, aber kommen Sie mir nicht mit so sündhaften Gedanken!«

Es sagte der Beichtvater:

»Meine Tochter, wende dich vertrauensvoll an die Muttergottes, die empfangen hat, ohne zu sündigen.«
»Gut und schön, ich würde aber lieber wissen, wie man sündigt, ohne zu empfangen.«

Der alte Pfarrer kommt am Beichtstuhl vorbei, wo eben der junge, unerfahrene Kaplan eine seiner ersten Beichten abnimmt. Hinterher läßt er ihn zu sich kommen.
»Ich glaube«, gibt er ihm den väterlichen Rat, »Sie sollten, wenn Sie die Beichte abnehmen, ab und zu mal ein ›aber, aber‹ einstreuen und nicht immer dieses ›phantastisch, phantastisch‹.«

*

Der junge Mann beichtet vor seiner Hochzeit. Am Schluß sagt der Pfarrer zu ihm: »Gut, mein Sohn, ich wünsche dir viel Glück.«
»Aber – geben Sie mir denn nicht irgendeine Strafe auf?«
»Nun«, meint Hochwürden, »du sagtest doch, du willst heiraten...«

Lautenbacher, im Beichtstuhl. »Nehmen Sie mir die Beichte ab, Herr Pfarrer«, lallt er.
»Du bist betrunken, mein Sohn. Komm morgen wieder«, antwortet der Geistliche.
Doch Lautenbacher bleibt hartnäckig. »Ich muß aber beichten.«
»Hast du denn einen Mord begangen, mein Sohn? Wenn nicht, dann schlaf erst mal deinen Rausch aus.«
Widerwillig verläßt Lautenbacher die Kirche. Vor dem Portal trifft er einen anderen Kirchgänger und fragt: »Willst du einen Mord beichten?«
»Nein, natürlich nicht«, antwortet der andere.
»Dann komm morgen wieder. Heute ist er nur auf Mordfälle aus.«

Es sagte der Mann im Beichtstuhl:

»Herr Pfarrer, ich habe Ehebruch begangen.«
»Wie oft, mein Sohn?«
»Herr Pfarrer, bitte, ich will beichten, nicht angeben.«

Bei der Beichte erzählt der junge Mann dem Pfarrer: »Letzte Woche war ich unterwegs und habe in Hannover übernachtet. Als ich nachts in mein Hotelzimmer komme, sehe ich, daß man mir versehentlich ein Doppelzimmer gegeben hat – und das zweite Bett war schon besetzt. Ein sehr hübsches junges Mädchen lag drin. Aber glauben Sie mir, ich habe sie wirklich nicht angerührt und bin dann eingeschlafen. Ist das nun eine Sünde?«
»Nein«, antwortet der Pfarrer, »das war keine Sünde, das war eine Torheit.«

Georg geht zum Pfarrer und beichtet. »Ich war mit einer fremden Frau zusammen.«
»Wer war es denn?«
Der Sünder will nicht mit der Sprache heraus. »War es vielleicht die Silvia?«
»Nein.«
»Dann die Anita?«
»Nein.«
»Die Erna?«
»Nein, die auch nicht, Herr Pfarrer.«
Trotz der eindringlichen Worte des Geistlichen verläßt Georg den Beichtstuhl, ohne den Namen zu nennen. Draußen trifft er einen Freund.
»Du«, sagt er, »ich hab' wieder drei neue Adressen!«

*

Seit zwei Tagen liegt der Großvater schon ohne Bewußtsein in seinem Bett. Man holt den Priester, damit er ihm die Letzte Ölung gibt.
Da schlägt der Großvater plötzlich die Augen auf und sagt: »Um Gottes willen, jetzt bloß nichts Fettes!«

*

In einer kleinen italienischen Gemeinde hat der Pfarrer, um die Kirchenkasse etwas aufzubessern, für bestimmte Beichtsünden kleine Geldbußen eingeführt. In letzter Zeit kommen immer mehr Frauen gleich mit großen Geldscheinen zur Beichte, dem Tarif für Ehebruch. Und fast immer ist der Grund der junge Fischer Antonio.
Der Pfarrer will Antonio zur Rede stellen. »Hör mal, mein Sohn«, beginnt er.
»Ich will nicht unverschämt sein«, unterbricht ihn Antonio. »Aber zehn Prozent Beteiligung an Ihren Einnahmen müssen schon für mich rausspringen. Sonst rudere ich ab morgen jeden Abend in den Nachbarort hinüber.«

»Reichlich spät fängt der Fasching in diesem Jahr an, erst am fünften März«, sagt der Pfarrer zum Wirt.
»Wieso am fünften März?« fragt der. »Da ist doch schon Aschermittwoch und der Fasching vorbei.«
»Für die Leute ist er vorbei«, sagt der Pfarrer verträumt, »aber für mich fängt er an, wenn sie beichten kommen.«

Es sagte der Mann im Beichtstuhl:

»Heute nacht habe ich meine Frau achtmal geliebt.«
»Mein Sohn, wenn es ehelich war, so ist es keine Sünde.«
»Ja, ich weiß, Herr Pfarrer, aber ich mußte es einfach jemandem erzählen!«

»Was für Sünden soll ich Ihnen eigentlich bekennen, Hochwürden«, sagt der Mann im Beichtstuhl. »Jeden Abend gehe ich pünktlich um neun ins Bett, ich habe nichts mit Frauen, ich trinke nicht, ich stehle nicht, ich tue keiner Fliege was zuleide, jeden Sonntag gehe ich zur Messe –«
»Gut, mein Sohn«, meint der Pfarrer, »aber das wird sich leider wohl alles ändern, wenn du hier aus dem Gefängnis wieder raus kommst!«

*

»Gott«, röchelt der sterbende Nabob, »könnte ich doch nur mein Gold dorthin mitnehmen, wo ich hingehe.«
»Zwecklos«, meint der Beichtvater, »dort würde es schmelzen.«

GLAUBEN SIE, DASS MAN PRIESTERN ERLAUBEN SOLLTE, ZU HEIRATEN?
ABER SICHER, WENN SIE SICH LIEBEN.

Benjamin spielt im Schlafzimmerschrank mit seinem Plüschbären. Da kommt seine Mutter und legt sich mit einem fremden Mann ins Bett. Kurz darauf kehrt Benjamins Vater heim, und der Fremde versteckt sich im Schrank, in dem es stockdunkel ist.
Benjamin flüstert: »Ich habe einen Plüschbären. Für fünf Mark kannst du ihn kaufen, oder ich schreie.«
Der Mann zahlt, und ein paar Minuten später sagt Benjamin: »Gib mir meinen Bären wieder, oder ich schreie!«
Der Bär wechselt wieder den Besitzer. Kurz darauf legt Benjamin von neuem los: »Ich habe einen Plüschbären. Für fünf Mark kannst du ihn kaufen, oder ich schreie.«
Das Spiel wiederholt sich, bis Benjamin fast hundert Mark beisammen hat. Schließlich ist die Luft rein, und der Fremde flieht entnervt aus seinem Versteck.
Am nächsten Tag erzählt Benjamin die ganze Geschichte seiner Mutter. Die schickt ihn sofort zur Beichte.
Benjamin kniet sich in den Beichtstuhl und beginnt: »Ich habe einen Plüschbären –«
Stöhnt der Pfarrer: »Großer Gott, geht das schon wieder los!«

*

Die Baronin liegt im Sterben und läßt einen Beichtvater holen. Die alte Dame ist schon sehr schwach und erklärt deshalb dem Priester nur mit leiser Stimme:
»Ich war jung und schön, das übrige können Sie sich denken...«

*

Almut kommt zum Beichten. »Hochwürden«, sagt sie zerknirscht, »erst heute früh hab' ich mich wieder nackt vor den Spiegel gestellt, um zu sehen, wie schön ich bin. Ist das eine schwere Sünde?«
Der Pfarrer schüttelt den Kopf. »Das ist keine Sünde. Das ist ein Irrtum.«

Ausgerechnet am Sonntag läßt der alte Moosgruber den Pfarrer rufen. Es geht mit ihm zu Ende, und er verlangt die Letzte Ölung.
Der Pfarrer ist in Gedanken wohl schon mehr bei dem wartenden Sonntagsbraten. Er achtet nicht besonders auf weihevolle Gelassenheit und murmelt auch das Vaterunser ein wenig hastig herunter.
Da richtet sich der alte Moosgruber auf und sagt: »Nicht so schnell, Hochwürden, ich laß mich nicht gern hetzen.«

*

Der neue Kaplan sitzt im Beichtstuhl, und obwohl er noch nicht viel Übung hat, geht alles ganz gut. Bis der Bachhuber kommt. Der kniet sich hin und sagt grad heraus, daß er ein Reh gewildert habe.
»Einen Moment«, flüstert der Kaplan und läuft hinüber in die Sakristei, wo er den Pfarrer findet. »Herr Pfarrer«, sagt er, »da ist der Bachhuber, er hat ein Reh gewildert. Wieviel soll ich ihm denn geben?«
»Na ja«, meint der Pfarrer, »von mir bekommt er meist nicht mehr als acht Mark fürs Pfund.«

*

Die Bäuerin geht zur Beichte. »Herr Pfarrer, als ich neulich die Unterhosen meines Mannes bügelte, bin ich auf schlechte Gedanken gekommen.«
»Aha«, sagt der Pfarrer. »Dann bring mir zur Strafe morgen einen Topf Butter vorbei.«
Am nächsten Tag kommt die Sünderin wieder.
»Aber in dem Topf ist ja nichts drin«, sagt der Pfarrer stirnrunzelnd.
Erklärt die Bäuerin resolut: »In den Hosen meines Mannes war auch nichts drin!«

Der alte Wiesner liegt im Sterben. Er war kein Freund von Traurigkeit, und besonders dem Alkohol hat er eifrig zugesprochen.
Der Pfarrer versucht ihn in seinen letzten Stunden zu trösten. »Keine Sorge, Wiesner, der Herr wird Sie im Jenseits wohl aufnehmen, und vielleicht treffen Sie ja auch Ihren alten Freund Friedrich dort drüben wieder.«
Da richtet sich der Schwerkranke auf und sagt: »Bloß nicht, den will ich nicht wiedersehen. Dann geht auch dort drüben die verfluchte Sauferei wieder los.«
»Aber, aber«, entrüstet sich der Pfarrer, »Sie glauben doch nicht, daß im Jenseits Alkohol getrunken wird!«
Da grinst der alte Wiesner mühsam. »Da kennen Sie den Friedrich schlecht. Der treibt überall was zu trinken auf!«

*

In dem abgedunkelten Beichtstuhl hat ein geschickter Taschendieb dem Beichtvater schon die goldene Uhr aus der Tasche gezogen, während dieser ihn noch nach seinen Sünden fragt.
»Ich habe gestohlen«, antwortet der Dieb.
»Was hast du denn gestohlen?«
»Eine goldene Uhr.«
»Wenn ich dir die Absolution erteilen soll, mußt du die Uhr zurückgeben.«
»Hier ist sie. Ich gebe sie Ihnen.«
»Nein, nicht mir. Du mußt sie dem Bestohlenen zurückgeben.«
»Dem habe ich sie schon angeboten. Der will sie nicht nehmen.«
»Ist das wirklich wahr?«
»So wahr ich hier knie, Hochwürden.«
»Dann darfst du sie behalten. Siehst du, mein Sohn, es gibt doch noch großherzige Christenmenschen!«

SOLL ICH DIR NOCH DAS „WORT GOTTES" VERKÜNDEN MEIN SOHN.
OH, NICHT NÖTIG - ABER SOLL ICH IHM WAS AUSRICHTEN?

Bärbel beichtet dem Pfarrer, daß sie ein Kind erwartet.
»Hast du wenigstens einen Vater dafür?« grollt der Pfarrer.
»Aber ja, Hochwürden«, sagt sie eifrig. »Ich habe sogar zwei – falls es Zwillinge werden!«

Es fragte der Beichtvater:

»Und Sie leben tatsächlich frei von allen Lastern?«
»Ja, Hochwürden. Mein Mann und ich, wir rauchen nicht, trinken nicht, haben nicht mal Fernsehen – und unsere Kinder haben wir auch adoptiert...«

Die Damen beim Bridge unterhalten sich.
»Zu wem gehen Sie eigentlich immer zur Beichte?«
»Zum Pater Vincenz.«
»Ach, da würde ich Ihnen aber eher den Pater Ferdinand empfehlen. Der fragt einen immer nach solch herrlichen Sünden. Man fühlt sich direkt zwanzig Jahre jünger!«

*

Eine junge, hübsche Bauersfrau aus einem kleinen Feriendorf geht zum Bischof beichten. Sie hat sich mit einem Urlauber aus der Großstadt vergnügt und schildert ganz zerknirscht das Erlebnis in allen Einzelheiten.
Der Bischof erteilt die Absolution und fragt: »Aber warum kommen Sie extra zu mir, gute Frau?«
»Unser Pfarrer hat mich nicht von meinen Sünden lossprechen wollen, als ich ihm das erzählte.«
»Ja, ja«, der Bischof nickt verständnisvoll, »was versteht so ein Dorfpfarrer schon von solchen Sachen!«

Elvira beichtet ihre Sünden. Der Pfarrer ermahnt sie: »Weißt du eigentlich, was du mit deinen vielen Sünden verdienen würdest?«
»Ja, Herr Pfarrer«, erwidert Elvira, »aber ich mach mir halt nicht viel aus Geld!«

*

Frau Merkler geht zur Beichte.
»Was hast du denn gesagt?« fragt abends ihr Mann.
»Ich habe gesagt, daß mein Körper während der Fastenzeit nicht mit Fleisch in Berührung gekommen ist.«
»Aber hör mal«, empört er sich, »du könntest wirklich mit etwas mehr Respekt von meinem Pimmel reden!«

*

Ein Bauer kommt zur Beichte. »Herr Pfarrer, Sie kennen ja mein Weib und ihr Mundwerk. Gestern hat sie wieder gemeckert. Da habe ich sie verhauen.«
Meint der Pfarrer nur: »Mein Sohn, bei der Beichte bekennt man Sünden und prahlt nicht mit guten Werken!«

*

Ein Hehler liegt im Sterben. Der Priester streckt ihm das Kruzifix zum Kuß entgegen.
Der Hehler schlägt die Augen auf, sieht hin und flüstert: »Hochwürden! Mehr als zweihundert Mark kriegen wir nicht dafür!«

»Gelobt sei der Herr über mir!«

oder

Der Glaube versetzt Berge

Ein Pfarrer beobachtet einen dunklen Punkt am Himmel, der immer größer wird und sich dann donnernd in die Erde bohrt.
»Mein Gott!« ruft der Pfarrer entsetzt.
Da tönt eine tiefe Stimme aus dem Krater: »Ja, mein Sohn, was gibt's?«

*

Zollkontrolle. Der Pfarrer muß seinen Koffer aufmachen. Zum Vorschein kommt eine schöne, große Flasche.
»Was ist das?« fragt der Zollbeamte.
»Das ist Wasser von der Quelle in Lourdes.«
Der Zöllner ist nicht ganz überzeugt und schnuppert an der Flasche. »Sie wollen sich wohl über mich lustig machen. Das ist doch Cognac!«
»Gott sei gesegnet!« ruft der Pfarrer. »Ein Wunder, ein Wunder!«

Es fragte die Erbin:

»Sagen Sie, Hochwürden, ob ich wohl in den Himmel komme, wenn ich der Kirche zehntausend Mark spende?«
»Nun ja, meine Tochter, versprechen kann ich das auch in diesem Fall nicht. Aber ich finde, einen Versuch ist es allemal wert.«

Nach elf Jahren Ehe wurde bei Pastor Burger doch noch der ersehnte Nachwuchs begrüßt.
Am nächsten Tag steht in der Zeitung: *Wir freuen uns über die Geburt unseres Sohnes und danken dem Herrn, der über uns wohnt.*

Der Pfarrer macht mit einer Gruppe seiner Pfarrkinder eine Bootsfahrt auf dem Bodensee. Ein Sturm kommt auf, es blitzt und donnert, das Schiff wird von den Wogen hin und her geworfen.
Der Pfarrer ist kreidebleich geworden und kann sein Zittern kaum verbergen...
»Aber Herr Pfarrer«, will ihn einer der übrigen beruhigen, »Sie haben doch neulich so schön gepredigt, daß wir immer und überall in Gottes Hand stehen.«
Meint der Pfarrer voller Angst: »Ja eben.«

*

In einer kleinen sizilianischen Gemeinde. Seit Wochen herrscht ungewöhnliche Dürre. So schickt die Gemeinde eine Abordnung zum Pfarrer, er möge Bittgebete zum Himmel senden, um die Ernte zu retten.
»O ihr Ungläubigen«, herrscht sie der Pfarrer an, »da macht ihr den langen Weg zur Kirche, damit ich den Himmel um den ersehnten Regen anflehe. Und was sehe ich? Nicht einer von euch hat einen Regenschirm für den Rückweg dabei!«

*

Der Pfarrer verkauft sein Pferd einem Cowboy. »Wenn du ›Gott sei Dank‹ sagst, läuft es«, erklärt er. »Und wenn du ›Amen‹ sagst, bleibt es stehen.«
Der Cowboy schwingt sich auf das Pferd, sagt »Gott sei Dank«, und das Pferd saust los, geradewegs auf einen Abgrund zu.
Der Cowboy will stoppen, aber ihm fällt das Wort einfach nicht mehr ein. Schließlich spricht er in vollem Galopp noch ein Gebet. Als er »Amen« sagt, stoppt das Pferd direkt vor dem Abgrund.
Der Cowboy wischt sich den Angstschweiß von der Stirn und keucht: »Gott sei Dank!«

SACHEN HAB ICH IM BEICHTSTUHL GEHÖRT – DA GEHT DIR DER HUT HOCH.
NA, NA, WER WIRD DENN AUCH DEN HUT IN DEN SCHOSS LEGEN.

Ein Motorradfahrer steht vor dem Pfarrhaus und versucht zu starten. Die Maschine springt nicht an, und er flucht wie ein Wilder. Da öffnet sich ein Fenster, und der Pfarrer schaut heraus. »Wenn Sie dauernd so fluchen, kann das Motorrad ja nicht anspringen. Sie sollten lieber beten!«
Also betet der Motorradfahrer. »Lieber Gott, laß doch meine Maschine anspringen!« Und siehe da – sie tut es.
Sagt der Pfarrer am Fenster: »Himmeldonnerwetter, das hätte ich nicht gedacht!«

*

Landthaler will zum katholischen Glauben übertreten und fährt nach Rom. Tief verstört kommt er zurück, trotzdem läßt er sich in die katholische Kirche aufnehmen.
Als er gefragt wird, warum er dies trotz seiner Enttäuschung getan habe, sagt er: »Ich hab' mir überlegt: Eine Religion, die *das* aushält, *muß* die wahre sein.«

*

Ein Pater stapft allein durch die Wüste. Plötzlich kommen ihm vier Löwen entgegen. Entsetzt ruft der Pfarrer: »Herr, laß sie fromm werden!« Dann fällt er in Ohnmacht.
Als er wieder zu sich kommt, sitzen die Löwen um ihn herum und beten: »Komm, Herr Jesus, sei unser Gast und segne, was du uns bescheret hast!«

*

In dem berühmten Wallfahrtsort kommt ein Mann aus der Kirche gestürzt. »Ich kann wieder laufen, ich kann wieder laufen!« schreit er. »Jetzt kann ich wieder laufen!«
Ein Priester eilt auf ihn zu: »Ein Wunder! Ein Wunder!«
»Unsinn!« sagt der Mann. »Man hat mir mein Auto gestohlen!«

Heilmann ist alles andere als ein überzeugter Christ, aber die berühmte Wallfahrtskirche möchte er sich doch einmal von innen anschauen. Als er und sein Freund die Kirche betreten, bekreuzigt sich Heilmann und beugt das Knie.
»Ich denke, du glaubst nicht an Gott?« wundert sich der Freund.
»Natürlich nicht«, sagt Heilmann. »Aber weiß ich denn, ob ich recht habe?«

*

Berger hat sechs Richtige im Lotto. »Mal ehrlich, kennst du ein System?« will sein bester Freund wissen.
»Ja, klar. Ich gehe sonntags in die Kirche und schreibe mir die Nummern der Lieder auf, die gesungen werden. Mit denen tippe ich dann.«
Nach zwei Wochen treffen sich die beiden wieder – Berger hat wieder gewonnen, der Freund nicht.
»In welcher Kirche warst du denn?« fragt Berger.
»Aurelienkirche.«
»Ja, dann. Du mußt in die Frauenkirche gehen. Aurelienkirche ist für das Fußballtoto zuständig.«

*

Nach sechs Jahren ist die Ehe der Kellers noch immer kinderlos. Verzweifelt suchen sie einen Priester auf. Der verspricht, in den Vatikan zu reisen und im Petersdom eine Kerze für das Paar anzuzünden.
Dreizehn Jahre später trifft der Priester zufällig Keller auf der Straße – umgeben von neun Kindern. Nachdem er dem Vater zu seinem Kindersegen gratuliert hat, fragt er: »Wo ist denn Ihre Frau Gemahlin?«
Sagt Keller: »Die ist nach Rom geflogen, die Kerze ausblasen.«

In einem Gespräch über religiöse Fragen lehnt einer der Teilnehmer die Existenz alles Übernatürlichen radikal ab.
»Sie glauben also an gar nichts?« fragt ihn ein Geistlicher.
»Ich glaube nur an das, was ich mit meinem Verstand begreifen kann.«
Der Geistliche zuckt mit den Achseln und sagt: »Nun ja, das kommt letzten Endes auf das gleiche heraus.«

*

Im Religionsunterricht erzählt der Pfarrer den Kindern die Geschichte von Jonas und dem Walfisch. Sie macht großen Eindruck auf die kleinen Zuhörer.
»Kann sich jemand ein größeres, ein herrlicheres Wunder vorstellen?« meint der Pfarrer abschließend.
»Klar, Herr Pfarrer«, ruft Holger. »Wenn nicht der Walfisch den Jonas, sondern der Jonas den Walfisch verschluckt hätte!«

*

Der alte Brandner ist sicher schon seit Jahren nicht mehr in der Kirche gewesen. Eines Tages besucht der Pfarrer ihn.
»Sagen Sie, lieber Herr Brandner«, meint er, »jetzt bin ich schon so lange hier, und Sie habe ich noch nie in der Kirche gesehen. Glauben Sie denn nicht an Gott?«
Der alte Brandner macht ein brummiges Gesicht. »Doch, doch, an Gott glaube ich schon. Aber mit dem verdammten Bodenpersonal komme ich nicht zurecht.«

*

Das Schiff fängt an zu sinken. Hülsmeier gehört zwar keiner Kirche an und ist nicht getauft, aber jetzt fällt er doch auf die Knie und fängt laut an zu beten.
»Halt bloß deinen Mund!« fährt ihn ein anderer an. »Wenn Gott merkt, daß du hier bist, ist alles aus!«

Einer Nonne geht ein paar hundert Meter vor der Tankstelle das Benzin aus. Der Tankwart hat keinen Kanister, will aber gern helfen. Nach langem Suchen kommt er schließlich mit einem Nachttopf aus seiner Wohnung und füllt ihn mit Benzin. Die Nonne geht damit zu ihrem Auto, öffnet den Tankverschluß und läßt das Benzin einlaufen. Da hält neben ihr ein Auto.
Der Fahrer beugt sich aus dem Fenster und sagt staunend: »Ihren Glauben möchte ich haben!«

»Ist eine Flasche Cognac etwa Ihr ganzer Trost?«

oder

Der Pfarrer und seine Schäfchen

Kommt ein Mann mit Tränen in den Augen zum Pfarrer.
»Hochwürden, meine Frau ist gestorben.«
»Unsinn«, erklärt Hochwürden, »Ihre Frau ist doch seit zwei Jahren tot. Ich habe sie selbst beerdigt.«
»Ja, wußten Sie denn nicht, daß ich vor einem halben Jahr wieder geheiratet habe?«
»Nein, aber das ist ja wunderbar«, bewältigt Hochwürden die Situation, »herzlichen Glückwunsch!«

*

Der kleine Andreas steht an einer Straßenecke und läßt seinen Rosenkranz immer um seinen Zeigefinger kreisen. Da kommt der Pfarrer vorbei und sagt leicht entrüstet: »Aber, Kind, das darfst du nicht tun. Bedenke, daß jede Perle ein Jesuskindchen ist.«
Kaum ist der Pfarrer wieder verschwunden, sagt Andreas: »Haltet euch fest, Jungs. Es geht wieder rund!«

*

Roswitha stammt aus einer gut katholischen Familie. Eines Tages kommt sie zu ihrem Pfarrer. Sie sagt ihm, daß sie heiraten möchte, daß ihr zukünftiger Mann aber evangelisch sei.
»Um Gottes willen«, entsetzt sich der Pfarrer. »Das geht nicht. Du kannst ihn heiraten – aber vorher muß er die Taufe der allein seligmachenden Kirche empfangen haben!«
Roswitha soll ihrem Freund viel von der katholischen Kirche erzählen, vom Papst, von der Unfehlbarkeit dieser Kirche und von ihren Segnungen.
Nach vier Wochen kommt Roswitha völlig verzweifelt wieder und schluchzt: »Ich habe ihm alles erzählt – jetzt will er katholischer Priester werden!«

»Es freut mich, daß Sie gestern abend endlich mal wieder in meiner Andacht waren«, sagt der Pastor zum größten Säufer der Gemeinde.
Dieser nickt gedankenvoll. »Soso – da bin ich also gelandet!«

*

»Herr Pfarrer, würden Sie mir bitte mein neues Motorrad segnen?« bittet Karlheinz.
Der Pfarrer mustert erst die Maschine, dann Karlheinz. »Aber gewiß, mein Sohn«, meint er dann. »Aber denk daran, daß der Segen über hundert Kilometer pro Stunde nicht mehr hilft!«

*

Der Pastor einer Landgemeinde sitzt vor seinem Glas Rotwein.
»Merkwürdig«, sinniert er vor sich hin, »wenn die Leute einen guten Wein trinken, dann sagen sie: ›Teufel, ist der gut!‹ Ist der Wein aber sauer, dann stöhnen sie: ›Herrgott, ist der sauer!‹«

*

Lange nach Mitternacht klingelt beim Dorfpfarrer das Telefon.
»Hallo«, sagt eine weibliche Stimme, »ist da der Dorfkrug? Bitte schicken Sie doch noch zehn Flaschen Bier zu Müllers auf die Sonnenhalde.«
»Tut mir leid, Frau Müller«, unterbricht der Pfarrer, »hier ist nicht der Dorfkrug, sondern der Pfarrer Ihrer Gemeinde.«
»Ach, das ist ja interessant«, antwortet sie. »Können Sie mir mal sagen, was ein Pfarrer um diese Zeit noch in einer Kneipe zu suchen hat?«

Brigitte bekommt jedes Jahr ein uneheliches Kind. Eines Tages besucht der Pfarrer sie, um ihr ins Gewissen zu reden.
»Liebe Tochter, ich habe dich nie anders als schwanger gesehen«, sagt er vorwurfsvoll.
»Zu dumm, Herr Pfarrer«, meint sie, »wären Sie doch nur eine Stunde eher gekommen.«

*

Beim Gesundheitsamt ruft ein Pfarrer an und sagt: »Auf der Wiese am Bach liegt ein toter Esel.«
Der Beamte flachst: »Ich denke, für die Toten sind *Sie* zuständig, Herr Pfarrer!«
»Gewiß, mein Sohn, aber zuerst setze ich mich mit den Verwandten in Verbindung.«

*

Der neue Pfarrer macht seine Runde durch das Dorf und schaut sich auch die Gärten und Felder an. Bei einem Bauern kommt er vorbei, dessen Feld einen ziemlich traurigen Eindruck macht.
»Ja, ja, Hochwürden, es ist ein schlechter Boden«, klagt der Bauer. »Da muß man schon einige Vaterunser extra beten, wenn es was werden soll.«
»Blödsinn«, meint Hochwürden resolut. »Da hilft kein Vaterunser. Da muß Mist und Dünger drauf!«

*

Nach der Beerdigung besucht der Pfarrer den Witwer. Er findet ihn im Wohnzimmer neben einer Flasche Cognac.
»Ist das etwa Ihr ganzer Trost?« fragt der Pfarrer.
»Nein«, beruhigt ihn der Witwer, »ich habe noch zwei Flaschen im Keller.«

Schon zum viertenmal ist Eichhofer Witwer geworden und muß die notwendigen Formalitäten erledigen. Schließlich geht er noch zum Pfarrer wegen der Beerdigung.
»Herr Pfarrer«, beginnt er tieftraurig, »ich habe Sie schon mehrmals in Anspruch genommen. Sie werden vielleicht furchtbar lachen, aber meine Frau ist schon wieder tot.«

Es rügte der Pfarrer:

»Mein lieber Daxberger, du bist ja schon wieder betrunken! Sogar das liebe Vieh weiß doch, wann es genug hat und aufhören soll!«
»Wenn ich Wasser trink', Herr Pfarrer, dann weiß ich das auch!«

Die Pfarrer zweier Nachbargemeinden treffen sich. »Na, wie geht's?« fragt der eine.
Der andere zuckt mit den Schultern. »Nichts mehr los«, sagt er. »Es gibt keine Hochzeiten mehr, denn die Leute leben in wilder Ehe, und es gibt keine Beerdigungen mehr, weil die Ärzte zu gut sind.«
»Stimmt«, seufzt der andere. »Wenn ich nicht ab und zu unter die Leute ginge, gäb's auch keine Taufen mehr.«

*

Im Religionsunterricht fragt der Pfarrer den Heinz, ob er denn auch schön jeden Abend daheim ein Gebet spricht.
»Das tut meine Mami für mich«, entgegnet er.
»Und was betet sie?«
»Gott sei Dank, daß er endlich im Bett ist!«

WERNER, ICH GEH' BEICHTEN.
IST RECHT JOHANNA, ABER DENK D'RAN: KEIN WORT ÜBER DAS GESCHÄFT, DER PFARRER IST UNSER BESTER KUNDE.

Das Pfarrhaus wird renoviert. Dabei kippt einer der Maurer mit der Leiter um.
»Himmel, Arsch und Zwirn, Kruzifix!« brüllt der Mann und rappelt sich wieder auf.
»Wo haben Sie denn so entsetzlich fluchen gelernt?« fragt der Pfarrer schockiert.
»Also, das lernt man nicht«, erklärt der Maurer, »das ist Begabung.«

*

Der Pfarrer spendet einem Vater Trost, dessen Sohn mit sechzehn Jahren gestorben ist. »Es ist eine Tragödie, das weiß ich. Aber er war ein braver Junge, er hat nicht gesündigt und ist jetzt im Himmel.«
»Ja sicher, Herr Pfarrer.« Der Vater seufzt tief. »Aber sagen Sie selbst: Ist das der richtige Ort für einen Jungen in seinem Alter?«

Es las der Pfarrer:

»Der Vater des verlorenen Sohnes fiel auf sein Angesicht und weinte bitterlich. – Na, Maxi, was meinst du wohl, warum er weinte?«
»Na, knallen Sie mal mit der Nase aufs Pflaster!«

»Bitte, kommen Sie schnell, Herr Doktor, meinem Mann geht es ganz schlecht«, fleht die Frau am Telefon.
Sofort packt der Arzt seine Tasche und fährt zu der angegebenen Adresse. Er läutet eben an der Wohnungstür, als diese von innen aufgeht und der Pfarrer vor ihm steht.
»Zu spät, Herr Doktor«, sagt der Geistliche, »er gehört schon mir!«

Völlig verzweifelt kommt der Bauer zum Pfarrer. »Heute ist mir meine beste Kuh eingegangen«, klagt er. »Ich weiß nicht, warum der Herr mich so straft!«
»Aber hören Sie mal«, erwidert der Pfarrer, »vor einem Vierteljahr ist Ihre Frau gestorben. Da haben Sie nicht so gejammert. Der Verlust Ihrer Frau müßte Sie doch weit schwerer getroffen haben.«
»Ach, Herr Pfarrer«, sagt der Bauer. »Die Frauen kommen von allein zu einem. Aber eine Kuh kostet Geld.«

Es fragte der Pfarrer:

»Kinder, sagt mir einmal, warum wurde die Osterbotschaft zuerst den Frauen verkündet?«
»Ganz klar, Herr Pfarrer: damit es sich schneller rumsprach!«

Der Dorfpfarrer trifft spät am Abend den Trunkenbold seiner Gemeinde, von einer Seite auf die andere schwankend. Genau vor ihm fällt er auf die Knie und mit dem Gesicht in den Schnee.
»Steh auf, mein Sohn«, sagt der Pfarrer, hilft ihm auf die Beine und murmelt vorwurfsvoll: »Schon wieder betrunken!«
Lallt der Mann rundum glücklich: »Ich auch – hick, Hochwürden!«

*

Der Pfarrer besucht das Zuchthaus. »Und werden Sie nicht glücklich sein«, fragt er einen Insassen, »wenn Ihre Strafzeit abgelaufen ist?«
»Ich weiß nicht«, meint der, »ich habe Lebenslänglich!«

Der Pfarrer will die Kirche renovieren lassen, nur fehlt ihm das Geld dazu. Da stellt er eine himmlische Rechnung auf: »Jedem von euch, der tausend Mark für die neue Kirche spendet, ist ein Platz im Himmel sicher.«
Die Gemeinde zögert.
»Na, was ist?« drängt der Pfarrer.
Da steht der Dorfälteste auf und sagt: »Wir haben uns entschlossen, abzuwarten, bis die Plätze billiger sind. Es eilt uns ja noch nicht.«

*

Neuendorfs haben den Pfarrer bei einem Sonntagsausflug mitgenommen. Unterwegs platzt ein Reifen. Neuendorf sieht sich die Sache an und sagt:
»Wir müssen uns die Arbeit etwas aufteilen. Du, Fred, hilfst mir bei der Montage, du, Helga, stellst das Warndreieck auf, und Sie, Herr Pfarrer, gehen am besten außer Hörweite!«

*

Einem Hobbygärtner ist die Frau gestorben. Der Pfarrer kommt, um ihn zu trösten.
»Mein lieber Sohn, das Leben ist wie ein großer, bunter Garten. Die schönsten Blumen erfreuen des Menschen Herz, doch alle müssen einmal dahinwelken. Verstehen Sie dieses Gleichnis?«
»Nein, Herr Pfarrer, ich züchte nur Gemüse.«

*

Die Gemeinde verabschiedet ihren Pfarrer, der in eine andere Gemeinde versetzt wird.
»Sie waren ganz großartig«, versichert ihm die Schwester des Bürgermeisters. »Bevor Sie hergekommen sind, habe ich überhaupt keine Ahnung gehabt, was Sünde ist!«

Nach jahrelangem Aufenthalt in London kehrt eine irische Katholikin recht wohlhabend in ihr Heimatdorf zurück. Ihr erster Weg führt sie in die Kirche. Dort beichtet sie.
»Hochwürden, ich muß Ihnen etwas gestehen. Ich bin Prostituierte geworden.«
Meint der Pfarrer mit einem Seufzer: »Gott sei Dank. Ich dachte schon, du bist Protestantin geworden.«

*

Erwin und Ludwig sitzen beim Bier im Wirtshaus. Am Tisch nebenan sitzt auch der Dorfpfarrer.
Erwin deutet auf ihn und sagt: »Den habe ich gefragt, ob ich während des Betens rauchen dürfe, und das hat er mir verboten!«
Meint Ludwig grinsend: »Mir hat er es erlaubt, weil ich ihn gefragt habe, ob ich beten dürfe, während ich rauche.«

*

Die Kirche wird renoviert. Der Pfarrer schaut den Handwerkern bei der Arbeit zu. Einer haut sich mit dem Hammer genau auf den Daumen und flucht: »Himmelkreuzverdammtnochmal!«
Der Pfarrer schüttelt betrübt den Kopf. »Mein Sohn, wie kannst du nur so entsetzlich fluchen! Kannst du nicht wie jeder andere auch einfach ›Scheiße‹ sagen?«

*

Ein Großstädter sieht einer Prozession zu. Als die Dorfmädchen in weißen Kleidern vorbeiziehen, fragt er einen Einheimischen: »Sagen Sie, sind das alles Jungfrauen?«
Der zuckt mit den Schultern und meint dann gleichmütig: »Heute schon.«

Ein getreuer Kirchgänger erkundigt sich beim Pfarrer: »Meinen Sie, daß meine erste Frau im Himmel ist?«
»Gewiß, mein Sohn.«
»Und die zweite auch?«
»Warum nicht?«
»Dann komme ich bestimmt nicht in den Himmel«, stöhnt der Mann.
»Weshalb denn nicht? Sie sind doch ein guter Christ.«
»Schon, aber stellen Sie sich doch mal vor, was das für eine Szene gibt, wenn ich mit der dritten Frau oben ankomme!«

Es erzählte der Pfarrer:

»Am ersten Tag schied Gott das Licht von der Finsternis. Am zweiten schuf er Berge und Meere. Am dritten Blumen und Bäume. Am vierten Sonne, Mond und Sterne. Am fünften die Tiere und am sechsten den Menschen. Schließlich schuf er dann noch die Frau – man kann hier wohl schon von Ermüdung sprechen...«

Der Aussteiger ist aufs Land gezogen. Er kauft ein völlig verwildertes Grundstück, baut ein kleines Haus und macht in harter Arbeit aus der Einöde einen wunderschönen Garten.
Der Dorfpfarrer besucht ihn und sagt: »Ich gratuliere, der liebe Gott und Sie haben ja saubere Arbeit geleistet.«
»Ich weiß nicht recht«, meint der junge Mann zweifelnd. »Sie hätten das hier mal sehen sollen, als der liebe Gott sich allein damit beschäftigte!«

HOCHWÜRDEN, DARF MAN AUCH SONNTAGS MIT EINER FRAU SCHLAFEN?
JA, MEIN SOHN. WENN ES DIE EIGENE IST. NUR EIN VERGNÜGEN DARF ES NICHT SEIN.

Der Gefängnispfarrer sagt zum Ganoven-Ede: »Ich würde Ihnen nach Ihrer baldigen Entlassung gerne helfen.«
Antwortet Ede: »Herr Pfarrer, stellen Sie sich das nicht zu leicht vor. Tresore knacken will gelernt sein!«

*

»Letzte Woche habe ich meinen Mann rausgeworfen, weil er sich ständig mit anderen Frauen rumgetrieben hat«, sagt die attraktive junge Frau. »Jetzt bettelt er, daß er wieder heimkommen darf. Was soll ich tun, Herr Pfarrer?«
»Es ist Ihre Christenpflicht, ihn wieder aufzunehmen«, meint der Geistliche und tätschelt ihre Hand. »Aber«, fügt er hinzu, und sein Griff wird dabei fester, »wie wär's, wenn wir es dem Hundesohn ein wenig heimzahlen würden?«

*

Florian hat in der letzten Stunde Religion gehabt.
»Na, was hat euch der Pfarrer denn erzählt?« fragt die Mutter.
»Paß mal auf, das war so: Da sind die Hebräer, also die Israelis, die wollen übers Rote Meer. Sie besteigen ihre Landungsboote. Ausgerechnet da kommt die ägyptische Armee. Sofort wird Tel Aviv antelefoniert, und Tel Aviv deckt das Übersetzen mit einem Bombenteppich und mit Amphibienfahrzeugen. Zum Schluß sind die Ägypter zurückgeschlagen, und die Hebräer kommen über das Meer rüber.«
Sagt die Mutter perplex: »So hat er euch die Geschichte erzählt?«
»Nein«, gibt Florian zu. »Aber wenn ich dir sagen würde, wie er sie erzählt hat – also, du würdest nicht ein Wort glauben!«

Ein Priester wohnt im selben Haus wie eine Schönheit von recht zweifelhaftem Lebenswandel.
Eines Tages klingelt es bei dem Geistlichen, und ein Mann steht vor der Tür, der angesichts des priesterlichen Gewandes seine Verlegenheit nicht verbergen kann.
Sagt der Geistliche: »Die Sünde, mein Herr, wohnt einen Stock tiefer. Hier ist die Absolution!«

*

Das ältere Fräulein hat einen Papagei geschenkt bekommen und muß feststellen, daß er einen äußerst unanständigen Wortschatz besitzt. Sie klagt ihr Leid dem Pfarrer. Der meint, der Papagei brauche nur gute Gesellschaft.
»Vielleicht paßt meine Papageiendame. Sie ist ein frommes Tier und betet viel.«
Die beiden Käfige werden nebeneinander gestellt. Da krächzt der Papagei: »Na, du steiler Zahn, wollen wir mal miteinander?«
»Na klar doch«, krächzt die Papageiendame, »was meinst du, wofür ich die ganze Zeit gebetet habe?«

*

Ein Pfarrer trifft auf der Straße eines seiner Schäfchen, das dem Alkohol ganz offensichtlich stark zugesprochen hat. Natürlich nimmt er den Mann ins Gebet und fragt ihn, ob er denn nicht wisse, daß der Alkohol ein besonders gefährlicher Feind des Menschen sei.
»Schon«, meint der Sünder, »aber Sie haben doch am letzten Sonntag gepredigt, wir sollen unsere Feinde lieben!«
»Das ist wahr«, erwidert der Pfarrer, »das habe ich gesagt. Aber ich habe kein Wort davon gesagt, daß ihr sie hinunterschlucken sollt!«

Nach der Beerdigung kommt der Pfarrer auf die junge Witwe zu. »Es fällt mir schwer, Ihnen aufrichtig mein herzliches Beileid auszusprechen. Ich habe gehört, bei Ihnen hat ein großes Fest stattgefunden, kurz nachdem Ihr Mann gestorben war. Es soll sogar getanzt worden sein. Das, liebe Frau, geht doch nun wirklich nicht.«
»Das haben wir uns natürlich auch erst gedacht«, gibt ihm die junge Witwe recht. »Aber dann haben wir den Sarg hochkant gestellt...«

*

Nach der Beerdigung ist die junge Witwe in Tränen aufgelöst. Der Pfarrer versucht sie zu trösten.
»Fassen Sie sich und denken Sie daran: Einen gibt es, der war Ihnen doch immer Trost und Zuflucht. Mit all Ihren Hoffnungen und Wünschen konnten Sie zu ihm kommen. Er wird Ihnen auch jetzt nicht seinen Beistand versagen –«
»Das ist es ja, Herr Pfarrer«, sagt sie verzweifelt. »Gerade jetzt will er nicht mehr, weil er fürchtet, nun muß er mich heiraten!«

*

Der Pfarrer befragt im Religionsunterricht die Schüler:
»Wer hat die Ehe eingesetzt?«
»Gott.«
»Richtig. Und wo hat Gott die Ehe eingesetzt?«
»Im Paradies.«
»Gut. Mit welchen Worten?«
»Ich will Feindschaft setzen zwischen dir und dem Weibe.«

Familie Wolter sitzt am Eßtisch. Der achtjährige Sohn mag keinen Spinat, aber die Eltern bleiben unerbittlich: »Spinat ist gesund. Der wird heute gegessen!«
Der Sohn darf das Tischgebet sprechen. »Komm, Herr Jesus, sei unser Gast«, beginnt er. Dann schaut er auf den Spinat vor sich und betet weiter: ». . . damit du siehst, was du mir bescheret hast.«

»Und führe mich nicht in Versuchung...«

oder

Der unvollkommene Stellvertreter

»Möchten Hochwürden vielleicht noch einen Drink?« fragt die Stewardeß.
»Gern«, sagt der Priester. »Für einen Whisky wäre ich Ihnen sehr dankbar.«
Als die Stewardeß mit dem Whisky zurückkommt, flüstert Hochwürden ihr zu: »Sagen Sie, mein Kind, wie hoch fliegen wir eigentlich?«
»Etwa zehntausend Meter.«
»Um Gottes willen«, erschrickt der Priester, »nehmen Sie den Whisky wieder mit. Wir sind zu nah beim Chef!«

Es fragte der Quizmaster:

»Welcher Unterschied besteht zwischen einem Pfarrer und einem Wegweiser? – Keiner. Beide zeigen den Weg und gehen ihn nicht.«

Ein katholischer Pfarrer ist zum ersten Mal in Rom, als das Konzil beginnt. Mitten in der Menge der Gläubigen beobachtet er die Auffahrt der hohen Würdenträger mit ihren Karossen: Rolls-Royce, Cadillac, Mercedes...
Fassungslos murmelt er vor sich hin: »Und mit einem Esel haben wir angefangen!«

*

Hochwürden wird nachts auf der Straße von einer Dame des horizontalen Gewerbes angemacht. »Na, Süßer, wie wär's mit uns beiden?«
»Mein liebes Kind«, antwortet Hochwürden, »du bist an den Falschen geraten. Erstens habe ich kein Geld, und zweitens sieht der liebe Gott...«
»Danke«, unterbricht sie. »Der erste Grund reicht völlig.«

Ein Priester und ein junger Mann sitzen im Zug einem hübschen Mädchen mit aufregendem Minirock gegenüber.
»Lieber Freund, unter dieser Verpackung verbirgt sich die Hölle!« mahnt der Priester.
Darauf der junge Mann: »Das glaub' ich gern, bei mir ist an der gleichen Stelle der Teufel los!«

*

Die beiden jungen Priester fahren mit großer Geschwindigkeit auf einem Motorrad und werden von einem Polizisten gestoppt.
»Meinen Sie nicht auch, daß Sie etwas zu schnell gefahren sind?«
»Keine Sorge, mein Sohn«, beruhigt der eine den Gesetzeshüter, »der Herr ist bei uns.«
»Ach, wenn das so ist, muß ich Bußgeld kassieren. Drei auf einem Motorrad sind nicht erlaubt!«

*

Ein junges Mädchen und ein würdiger Kapuzinerpater fahren auf einem Bodenseedampfer vom Schweizer zum deutschen Ufer. Die beiden kommen ins Gespräch. Als sich das Schiff dem Hafen nähert, wird sie unruhig.
»Nächste Woche heirate ich«, erzählt sie, »und ich habe mir vorhin einen Brautschleier gekauft. Ob der wohl Zoll kostet?«
»Geben Sie ihn mir«, sagt der Pater. Das zarte Gebilde verschwindet in seiner Kapuze.
Bei der Zollkontrolle fragt der Beamte den Kapuziner: »Haben Sie etwas zu verzollen?«
»Ich habe einen Brautschleier.«
Darauf der Zöllner: »Jetzt gehen Sie aber schnell weiter, ehe ich die Geduld verliere.«

FALK, WAS IST, WENN EINES DER ZEHN GEBOTE GEBROCHEN WIRD.
DANN SIND ES NUR NOCH NEUN.

Ausgerechnet im Pfarrgarten stehen die herrlichsten Apfelbäume des ganzen Dorfes. Natürlich ist die Verlockung für einige Lausejungen zu groß.
Schließlich wird die Plünderei selbst dem gutmütigen Pfarrer zuviel, und so bringt er eines Tages ein Schild an: *Gott sieht alles!*
Am nächsten Morgen steht darunter: *Aber er sagt es nicht weiter.*

*

Das Dorf hat einen neuen jungen Pfarrer bekommen. Eines Tages sehen die Mitglieder der Gemeinde ihren Pfarrer mit einer schreiend bunten Krawatte aus der Kirche kommen. Fragt ihn eine alte Dame: »Herr Pfarrer, meinen Sie nicht, daß Ihre Krawatte für einen Geistlichen ein wenig zu bunt ist?«
»Das finde ich gar nicht«, meint der moderne Pfarrer, »Hauptsache ist doch, daß meine Seele schwarz ist.«

*

Ein Ehepaar geht zu einem Psychologen und bittet ihn, sie bei der Berufswahl ihres Sohnes zu beraten.
Der Psychologe unternimmt folgenden Test: Auf einen Tisch legt er einen Geldschein, ein Buch und stellt dazu eine Flasche Wein. Der Sohn soll wählen. Doch der nimmt kurzerhand alles: Geld, Buch und Wein.
»Du lieber Himmel«, sagen die Eltern, »er wird katholischer Priester!«

*

Zwei alte Pfarrer treffen sich. Sagt der eine: »Je älter ich werde, um so mehr erkenne ich, daß die Menschen sehr wohl zwischen Gut und Böse zu unterscheiden wissen.«
Sagt der andere: »Ja, aber nur bei den anderen!«

Bei seinem Gang durch die Gemeinde kommt der Pfarrer zu einer streng christlichen Familie. Während des Gesprächs redet der Gottesmann über die vielen hübschen Mädchen, die es in der Gemeinde gibt. Und seinen Worten ist durchaus ein größeres Wohlwollen zu entnehmen.
»Ich muß mich schon ein bißchen über Sie wundern«, konstatiert daraufhin der Hausherr.
»Warum?« meint da der Pfarrer lächelnd. »Ich kann doch, auch wenn ich auf Diät achte, einen Blick auf die Speisekarte werfen.«

*

Ein Windstoß blättert dem betenden Pfarrer sein Brevier ein paar Seiten weiter.
»Vielen Dank, lieber Gott«, sagt er darauf, »von selbst hätte ich das nicht gewagt.«

Es stöhnte Adam:

»Es ist unglaublich! Der Herr hat mir eine Frau gegeben, die mit dem ersten besten schläft, der ihr gerade begegnet!«

Schon zum drittenmal ist der Herr Pastor Witwer geworden. Und da er trotz seiner sechzig Jahre noch ein stattlicher Mann ist, heiratet er bald ein viertesmal.
Ein guter Freund von ihm weist ihn vorsichtig darauf hin, daß man sich, zumal bei einem Mann Gottes, vielleicht über vier Ehen ein wenig wundern könnte.
»Aber warum denn«, meint der Pastor. »Der Herr nimmt, also nehme ich auch.«

Der Bischof besucht den Dorfpfarrer. Nachdem der hohe Herr alles begutachtet hat und äußerst zufrieden ist, will er auch noch das Schlafzimmer des Priesters besichtigen. Zu seinem Erstaunen findet er ein Doppelbett, das durch ein Brett geteilt ist.
Auf seinen fragenden Blick hin erklärt ihm der Pfarrer: »Rechts schlafe ich, links meine Pfarrköchin.«
Entgeistert fragt der Bischof: »Und wenn nun die Versuchung über Sie kommt?«
»Kein Problem«, erklärt der Pfarrer, »dann nehmen wir das Brett weg.«

*

Zwei ehemalige Klassenkameraden, die sich nie leiden konnten, treffen sich Jahrzehnte später zufällig an einem Bahnhof. Der eine ist Kardinal geworden, der andere General.
»Verzeihen Sie, Herr Bahnhofsvorsteher«, sagt der Kardinal, »wann fährt der nächste Zug nach Leipzig?«
Der General blickt auf den Geistlichen und antwortet: »Wollen Sie in Ihrem Zustand wirklich noch verreisen, gnädige Frau?«

*

Der kleine Sebastian wird von dem neuen Pfarrer nach dem Weg zum Postamt gefragt. »Die nächste Straße rechts, dann nach links und noch ein Stück geradeaus«, sagt Sebastian höflich.
Der Pfarrer bedankt sich und sagt dann: »Ich bin der neue Pfarrer an der Johanneskirche. Komm nächsten Sonntag zum Kindergottesdienst, ich will dir den Weg zum Himmel weisen.«
Meint Sebastian sehr zweifelnd: »Na, Sie wissen ja nicht mal den Weg zur Post!«

BETET IHR DENN VOR DEM ESSEN, SABINE?
OCH, DAS BRAUCHT'S NICHT, UNSERE MUTTER KOCHT AUSGEZEICHNET.

Als dem Pfarrer in der Klinik ein riesiger Tumor aus dem Bauch herausoperiert wird, stirbt nebenan eine ledige Mutter bei der Geburt ihres Kindes. Die Schwestern nehmen dieses Zusammentreffen als einen Wink der Vorsehung. Kaum ist der Pfarrer aus seiner Narkose erwacht, beglückwünschen sie ihn zur Geburt eines strammen Jungen.
Der Pfarrer nimmt das Kind zu sich, zieht es auf, und als der Junge volljährig wird, sagt er zu ihm: »Mein Sohn, Gott verzeih mir die Jugendsünde, aber ich bin nicht dein Vater, sondern deine Mutter.«
»Wer ist dann mein Vater?« fragt der Junge erstaunt.
»Das darf ich dir nicht sagen, denn der ist inzwischen Bischof geworden.«

*

Der Pfarrer liest in der Zeitung, daß er gestorben sei. Empört ruft er seinen Bischof an, um ihn zu beruhigen.
»Ja, natürlich habe ich die Zeitung gelesen«, bestätigt der Bischof auch gleich. Dann, vorsichtig: »Aber sagen Sie: Von wo rufen Sie eigentlich an?«

*

Der Bischof ist zu Besuch in der Schule. Der Pfarrer hat die Kinder entsprechend vorbereitet.
»Nun, mein Kind«, wendet sich der Bischof an die kleine Renate, »kannst du mir sagen, was die Ehe ist?«
Renatchen wird erst rot, dann blaß, doch dann schnurrt sie herunter: »Die Ehe ist ein qualvoller Zustand, den die Menschen zur Läuterung ihrer Sünden eine Zeitlang ertragen müssen...«
Der Pfarrer ist entsetzt. »Renate! Das ist doch das Fegefeuer!«
Aber der Bischof schmunzelt. »Lassen Sie nur. Vielleicht hat das Kind ja recht. Was wissen denn wir beide davon!«

Die drei Lausejungen überbieten sich gegenseitig. »Ich hab' einen Onkel, der ist Pfarrer«, sagt der erste. »Zu dem sagen alle Leute ›Hochwürden‹.«
Sagt der zweite: »Mein Onkel ist sogar Kardinal. Den muß man mit ›Eminenz‹ anreden.«
Der dritte winkt müde ab. »Das ist gar nichts. Mein Onkel wiegt drei Zentner. Wenn der über die Straße geht, sagen die Leute ›Allmächtiger Gott‹.«

Es fragte der Pfarrer:

»Sag mal, Uwe, wenn ihr meine Schäfchen seid, was bin dann ich?«
»Der Leithammel.«

Der Herr Pfarrer bessert den Zaun um das Pfarrhaus aus. Mit kräftigen Schlägen nagelt er neue Latten an. Der kleine Hugo vom Nachbarn schaut aufmerksam zu.
»Na, mein Junge«, meint der Pfarrer leutselig, »warum schaust du mir denn so lange zu?«
Meint Klein-Hugo pfiffig: »Ich möchte hören, was ein Pfarrer sagt, wenn er sich auf den Daumen haut!«

*

Der Pfarrer hat im Urlaub billig Kaffee eingekauft. Jetzt kommt es darauf an, ihn durch den Zoll zu bringen, ohne zu lügen. Er steckt also ein großes Paket unter den rechten und eines unter den linken Arm.
»Na«, fragt der Zollbeamte, »auch etwas eingekauft?«
»Ja, mein Sohn, sechs Pfund Kaffee. Aber ich habe ihn unter den Armen verteilt!«

»Sie sehen so bedrückt aus, Herr Pfarrer«, stellt eines der Gemeindemitglieder fest. »Haben Sie Sorgen?«
»Und ob ich Sorgen habe!« antwortet der Geistliche. »Morgen kommt der Bischof zur Visitation.«
»Was ist denn das?«
»Das kann ich Ihnen leicht erklären. Wenn Ihr Schwiegervater beispielsweise zu Besuch kommt, dann ist das eine Visite. Kommt aber Ihre Schwiegermutter, dann wird daraus eine Visitation!«

*

»Geben Sie endlich das sündige Leben auf«, ermahnt der Pfarrer die lebenslustige Carola. »Lassen Sie doch die Finger von den Männern, und führen Sie ein anständiges Leben.«
»Hab' ich ja längst versucht«, sagt Carola, »ich schwör' Ihnen, es war die langweiligste Stunde meines Lebens!«

*

Der Pfarrer hat ein Glas über den Durst getrunken. Ungeniert flirtet er mit der hübschen jungen Frau.
Da zieht ihn der Gastgeber beiseite und sagt warnend: »Hochwürden, wie wollen Sie sich denn aus der Affäre ziehen, wenn sie ja sagt?«

*

Nach der Untersuchung ist der Arzt mit dem jungen Mann sehr zufrieden. »Und mit dem Sex ist sicher auch alles in Ordnung?«
»Nun, dreimal in der Woche klappt's schon.«
»Bei Ihrer Konstitution müßte es aber dreimal am Tag gehen«, scherzt der Arzt.
»Ich würde schon gern«, meint der Patient verlegen. »Aber als katholischer Pfarrer auf dem Land tut man sich da schon schwer.«

ES WAR EINE HERRLICHE JAGD - NUR SCHADE, DASS DER HERR AUF DER SEITE DER HASEN WAR.

Die Stammtischrunde tagt wieder. Nach einiger Zeit geht der Pfarrer auf die Toilette. Als er zurückkommt, lacht der ganze Stammtisch.
Später erkundigt sich Hochwürden beim Wirt nach dem Grund.
»Haben Sie denn in der Toilette das nackte Mädchen an der Wand nicht gesehen?« fragt der Wirt.
»Muß ich ja wohl...«, murmelt Hochwürden.
»Und auch das Feigenblatt?«
»Sicher.«
»Nun, wenn man das Feigenblatt hochhebt, klingelt es am Stammtisch.«

*

Bischofsbesuch in der kleinen Gemeinde. Wie vom Donner gerührt sieht der Bischof im Pfarrhaus eine bildhübsche Köchin und um sie herum vier muntere Kinder.
»Wessen Kinder sind das?« herrscht er den Pfarrer an.
»Kein Grund zur Sorge«, beruhigt ihn der Pfarrer. »Das sind die Neffen meines Bruders.«

*

Einer Gruppe von Geistlichen wird ein riesiges Industriewerk gezeigt. Staunend wandern sie mit ihrem Führer, einem Ingenieur des Werks, von einer Mammuthalle zur anderen und hören den Erläuterungen zu.
Aber siehe da, in einer der Riesenhallen, mitten zwischen gewaltigen Turbinen, steht ein Aquarium mit bunten tropischen Fischen.
»Was sie damit wohl machen?« wundert sich einer der Geistlichen.
»Wahrscheinlich haben sie die Fische hier reingestellt«, meint einer seiner Kollegen, »um daran zu erinnern, daß Gott auch ein paar Dinge erfunden hat!«

Der junge Pastor der kleinen Stadt liegt im Sterben. Seine Freunde kommen, um Abschied von ihm zu nehmen, werden aber nicht zu ihm gelassen, weil es den Todkranken nur unnötig aufregen würde. Als der Pfarrer jedoch die Stimme des einzigen Freudenmädchens der Stadt hört, sagt er mit schwacher Stimme: »Laßt sie herein.«
Das Mädchen sagt erschüttert: »Warum gerade mich, wenn es Ihnen doch so schlecht geht?«
Flüstert der Pfarrer: »Meine Freunde und Verwandten werde ich in der anderen Welt wiedersehen, dich aber sicher nicht.«

*

Der evangelische Pfarrer hat einen Waisenjungen bei sich aufgenommen. Der hat mal wieder etwas ausgefressen, und der Pfarrer redet ihm ins Gewissen.
»Mein Junge, du darfst nicht vergessen, daß dein Betragen nicht nur mich betrübt, sondern daß es ein Wesen gibt, ein Wesen weit mächtiger als ich und du, ein Wesen, das alles weiß, was wir tun, und über alles Rechenschaft verlangen wird!«
»Ich weiß«, flüstert der Junge, »Ihre Frau hat mich schon ausgeschimpft!«

*

»Haben Sie etwas zu verzollen?« fragt der Zollbeamte einen Geistlichen.
»Ich glaube nicht«, antwortet der.
»Glauben genügt mir nicht«, sagt der Zollbeamte und läßt den Pfarrer seinen Koffer öffnen. »Was haben wir denn da? Zigarren! Und Cognac. Zwei Flaschen!«
»Sie Zöllner!« sagt der Pfarrer geringschätzig.
Da schiebt ihm der Zollbeamte den Koffer hin und sagt grimmig: »Gute Reise, Sie Pharisäer!«

Der Pfarrer kommt zum Psychotherapeuten und klagt, er fühle sich am Rande eines Nervenzusammenbruchs.
»Was Sie brauchen«, sagt der Arzt, »ist mal ganz was anderes, so einen richtigen Tapetenwechsel. Wissen Sie was – ziehen Sie sich einen normalen Anzug an, und verbringen Sie mal einen Abend in einem Nachtklub.«
Der Pfarrer läßt sich überreden. In dem empfohlenen Lokal setzt er sich in die hinterste Ecke. Auf einmal wippt eine der Oben-ohne-Bedienungen vorbei, schaut einmal, schaut zweimal und juchzt: »Hallo! Schönen guten Abend, Herr Pfarrer!«
Der Pfarrer würde am liebsten in ein Mauseloch verschwinden. »Woher wissen Sie, daß ich Pfarrer bin?«
»Ja, kennen Sie mich denn nicht, Herr Pfarrer? Ich bin doch die Gemeindeschwester. Und wie geht's unserem Psychotherapeuten?«

*

Der Pfarrer besucht den neueröffneten Kindergarten und fragt den kleinen Jens: »Na, weißt du denn auch, wer ich bin?«
»Aber sicher«, sagt Jens eifrig. »Du bist der Nachrichtensprecher vom lieben Gott!«

*

Der Pastor einer kleinen Gemeinde schickt ein Telegramm an seinen Diakon: *Bin untröstlich, eben ist meine Frau gestorben. Schicken Sie bitte Vertretung zum Wochenende.*

»Nix oho, das ist der Schlüssel vom Kloster!«

oder

Probleme mit dem Bodenpersonal

Mutter Oberin hat noch etwas vom Mittagessen übrig und will es den Arbeitern auf der nahen Baustelle bringen. Doch bevor sie es hergibt, will sie die Burschen auf ihre Bibelfestigkeit prüfen. Also fragt sie den ersten Arbeiter, den sie auf dem Bau antrifft: »Mein Sohn, weißt du, wer Pontius Pilatus ist?«
Der Mann schüttelt den Kopf, dreht sich um und brüllt nach oben: »Otto – weißt du, wer Pontius Pilatus ist?«
»Nein«, schreit der zurück. »Warum?«
Ruft der erste: »Seine Alte ist hier und will ihm Essen bringen!«

Es fragte der Quizmaster:

»In einem Kloster gibt es hundert Nonnen. Davon sind fünfundzwanzig Jungfrauen. Was sind die anderen? – Stiere, Waagen, Krebse...«

Zwei Missionare haben sich im Kannibalengebiet restlos verirrt. Plötzlich tauchen zehn Schwarze vor ihnen auf. Einer von ihnen stolpert über eine Baumwurzel und flucht: »Himmelherrgottsakrament!«
Da atmet der eine Missionar erleichtert auf: »Gerettet! Es sind Christen!«

*

In der Straßenbahn fällt in einer Kurve ein junges Mädchen einem Mönch auf den Schoß und ruft erschrocken: »Ohoo!«
»Nix oho«, sagt der Mönch, »das ist der Schlüssel vom Kloster.«

Ein Missionar besucht die Kranken in einem afrikanischen Negerdorf. In einem Kral findet er einen jungen Neger, der hohes Fieber hat. Er untersucht ihn, gibt ihm eine Spritze und sagt: »Du keine Angst haben, du bald wieder gesund und arbeiten wie Elefant.«
»Das sein feine Sache«, sagt darauf der junge Schwarze. »Dann ich fliegen nächste Woche wieder nach Paris und halten feine Vorlesungen über Sozialpsychologie in der Sorbonne.«

*

Ein Mann hat beschlossen, ins Kloster zu gehen und einem Schweigeorden beizutreten, in dem nur alle zehn Jahre zwei Worte gesprochen werden dürfen.
Nach den ersten zehn Jahren ruft ihn der Abt zu sich und sagt: »Nun, wohlan, Bruder, sprich dich aus, halte dich aber an die Ordensregel.«
»Essen kalt«, murmelt der Mönch.
Zehn Jahre später sagt er: »Bett hart!«
Nach weiteren zehn Jahren: »Ich gehe!«
»Wundert mich nicht«, meint der Abt, »du hast sowieso nur lamentiert!«

*

Der kleine Moritz steigt mit seiner Mutter in die vollbesetzte S-Bahn. Zwei Ordensschwestern in voller Tracht rücken ein bißchen zusammen, und er darf sich zu ihnen setzen. Der Kleine plaudert auch bald fröhlich mit den Fahrgästen, nur mit den Schwestern nicht.
Als sie aussteigen, meint Moritz' Mutter besorgt zu den Schwestern: »Hoffentlich hat mein Junge Sie nicht gestört.«
»Keine Spur«, erwidert eine der Nonnen. »Aber bitte ersparen Sie ihm die Enttäuschung, daß wir keine Pinguine sind!«

ALSO, ICH BIN FROH, DASS DIE PRIESTER IM ZÖLIBAT LEBEN. SONST WÜRDEN DIE SICH JA NOCH SCHNELLER VERMEHREN.

Im Kloster ist ein Mönch schwer erkrankt. Der herbeigerufene Arzt untersucht ihn und meint dann zum Abt: »Es ist Gott sei Dank nichts Ernstes. In einer Woche haben wir ihn wieder auf den Knien.«

Es fragte der Witzbold:

»Wie vermehren sich Nonnen und Mönche? – Durch Zellteilung.«

In der Nacht wacht die Äbtissin von einem Geräusch auf. Sie geht hinaus und entdeckt einen jungen Mann, der ziemlich hilflos durch die Klostergänge irrt.
»Wo wollen Sie hin?« stellt sie ihn zur Rede.
Ein wenig verlegen antwortet er: »Hinaus, ehrwürdige Mutter.«
»Wo kommen Sie her?«
»Verzeihen Sie mir, aber ich hatte Hunger und wollte mir heimlich ein paar Äpfel im Klostergarten holen. Dabei haben mich die drei Schwestern erwischt.«
»Und wann war das?«
»Vor zehn Tagen.«

*

Ab und zu hebt der Kannibalenhäuptling den Deckel vom Kochtopf und sticht den Missionar mit der Gabel.
»Das geht aber wirklich zu weit«, jammert der Missionar, »nicht nur, daß ich hier lebendig gesotten werde, mußt du mich auch noch alle fünf Minuten mit der Gabel stechen.«
Knurrt der Kannibalenhäuptling: »Dann hör auf, den ganzen Reis aufzufressen!«

Ganz tief im Dschungel beobachtet ein Missionar einen Medizinmann, der wie wild auf die Trommel schlägt.
Der Missionar fragt interessiert: »Was ist denn los?«
»Wir haben kein Wasser mehr.«
»Ach so, und nun bittest du also um Wasser?«
»Quatsch, ich rufe den Klempner!«

*

Der Eingeborene ist getauft worden.
»Und merk dir«, sagt der Missionar, »du heißt jetzt nicht mehr Xenu, sondern Jonas. Du darfst jetzt nur noch eine Frau haben, und am Freitag darfst du kein Fleisch mehr essen, nur noch Fisch.«
Doch am nächsten Freitag überrascht der Missionar Jonas bei einem Ziegenbraten.
»Aber, Jonas, was habe ich dir nach der Taufe gesagt?«
»Xenu essen gar kein Fleisch. Xenu haben Ziege genommen, in Wasser getaucht und gesagt: ›Du nicht mehr heißen Ziege, du heißen Fisch. Wie Jonas.‹«

Es sagte die Äbtissin:

»Gestern wurde eine Nonne von ihrem Gelübde und einem gesunden Knäblein entbunden.«

Aufgeregt kommt die junge Nonne ins Kloster und berichtet, sie sei von einem Mann geküßt worden.
»Was soll ich jetzt machen, Frau Oberin?«
»Drück eine Zitrone aus«, folgt der gute Rat, »und trink den Saft pur und in einem Zug, damit dein glücklicher Gesichtsausdruck verschwindet!«

Ein Missionar und ein Eingeborener paddeln den Kongo runter. Nach einer Weile deutet der Gottesmann nach oben und sagt: »Himmel.«
Der Eingeborene wiederholt: »Himmel.«
Der Missionar zeigt nach unten: »Boot.«
Sein Begleiter: »Boot.«
Kurz darauf entdeckt der Missionar ein Pärchen, das sich im Ufergras vergnügt, und sagt: »Radfahren.«
Der Schwarze nimmt seinen Bogen, schießt der Frau einen Pfeil in den Po und brüllt: »Mein Fahrrad!«

*

Der Mönch läuft mit einem Brief aus Afrika zum Abt und sagt: »Pater Felix klagt schon wieder über Wassermangel.«
»Das ist doch nichts Neues. Das tut er doch in jedem Brief.«
»Schon, aber diesmal ist die Briefmarke mit einer Stecknadel befestigt.«

*

Eine junge Nonne fährt per Anhalter. Der Fahrer findet sie sehr sexy und nähert seine Hand ihrem Knie.
Da flüstert sie: »Psalm neunzig, Vers fünf!«
Verstört hält der Fahrer inne.
Zu Hause schlägt er die Bibel auf und liest: *Du bist auf dem richtigen Weg!*

*

Zwei Nonnen werden auf dem Weg ins Kloster von zwei Burschen belästigt.
»Herr«, ruft die eine, »vergib ihnen, denn sie wissen nicht, was sie tun!«
»Stimmt nicht«, sagt die andere, »meiner weiß es.«

UNSER PFARRER
IST WIE DER LIEBE GOTT:
AM SONNTAG UNBEGREIFLICH
UND WÄHREND DER WOCHE
UNSICHTBAR.

Schluchzend schlägt die junge Nonne die Tür vom Behandlungszimmer zu und rennt mit hochrotem Kopf aus der Arztpraxis.
»Was war denn mit der Schwester los?« fragt ein Patient den Arzt.
»Ich habe ihr gesagt, sie sei schwanger.«
»Was? Ist sie das?«
»Nein. Aber kennen Sie eine bessere Methode, jemanden vom Schluckauf zu befreien?«

*

Zwei Missionare, ein Dominikaner und ein Jesuit, gehen bei den Papuas an Land.
»Ich bin neugierig«, sagt der Dominikaner, »wer von uns die meisten Taufen zusammengebracht hat, wenn wir uns in einem Jahr wiedersehen.«
Das Jahr vergeht, die beiden Missionare treffen sich wieder. »Mehr als ich kann man wohl nicht leisten«, rühmt sich der Dominikaner. »Ich habe achthundertzwölf Eingeborene getauft.«
»Eine gute Leistung«, lobt der Jesuit. »Aber ich habe den Häuptling bekehrt!«

*

Zwei Nonnen spielen Fußball. Die erste hat schon zehnmal neben das Tor geschossen, und jedesmal ruft sie: »Scheiße, daneben!«
Der zweiten wird das zuviel, und sie sagt: »Wenn du noch mal ›Scheiße, daneben‹ sagst, dann soll dich ein Blitz vom Himmel treffen.«
Die erste schießt wieder neben das Tor, sie kann sich nicht beherrschen und ruft wieder: »Scheiße, daneben!«
Da fährt ein Blitz vom Himmel und trifft die zweite Nonne. Und eine Stimme ruft von oben: »Scheiße, daneben!«

Der Nikolaus besucht ein Nonnenkloster und fragt die Schwester Oberin: »Was wünschst du dir für deine lieben Schwestern, verehrte Mutter?«
»Einen Mörser.«
»Einen Mörser? Wozu denn den?«
»Lieber Nikolaus, der Papst hat uns die Pille verboten, aber nicht das Pulver!«

*

Schaut ein Mönch einer heißen Sechzehnjährigen nach und murmelt: »Ora et deflora.«

*

Eine Nonne schiebt bei strahlendem Sonnenschein einen Kinderwagen durch den Klostergarten. Der Bischof, der gerade zu Besuch ist, fragt: »Na, ein kleines Klostergeheimnis?«
»Nein«, erwidert die Nonne, »ein Kardinalfehler!«

Es rief die Nonne:

»Frau Oberin, ein Mann ist im Kloster.«
»Haben Sie ihn gesehen?«
»Nein, aber die Toilettenbrille ist hochgestellt!«

Zwei Nonnen schauen einer Hühnerschar zu. Plötzlich stolziert der Hahn daher und setzt einer der Hennen nach. Das Huhn läuft ängstlich gackernd auf die Straße, gerät prompt unter ein Auto und bleibt als lebloses Bündel liegen.
Sagt die eine Nonne zur anderen: »Siehst du, sie ist lieber in den Tod gegangen!«

»Vor zweitausend Jahren habe ich da mal einen Flirt mit einer Jüdin gehabt...«

oder

Himmlische Geschichten

Eine Nonne kommt in den Himmel. Petrus fragt sie: »Wer bist du?«
»Ich bin die Braut Jesu«, antwortet die Nonne.
Petrus blickt sie ungläubig an, geht ins Nebenzimmer und sagt zum Erzengel Gabriel: »Sag mal, wußtest du, daß der Junior heiraten will?«

*

Am Himmelstor steht ein Automechaniker vor Petrus.
»Warum hast du mich so früh sterben lassen, ich bin doch erst siebenundvierzig Jahre alt!« sagt er vorwurfsvoll.
Petrus schaut in seinem großen Buch nach und meint: »Nach den Stunden, die du deiner Kundschaft berechnet hast, bist du jetzt genau siebenundneunzig Jahre alt!«

*

»Tut mir leid«, sagt Petrus zu dem Vierzigjährigen, »aber du mußt schon eine gute Tat vorweisen, sonst kann ich dich hier leider nicht reinlassen.«
Nach kurzem Überlegen sagt der Mann: »Ich habe beobachtet, wie eine Gruppe Rocker einer alten Dame ihre Einkaufstasche wegnehmen wollten. Da bin ich hingegangen, hab' das Motorrad des Anführers umgeworfen, ihm ins Gesicht gespuckt und seine Braut beleidigt...«
»Und wann war das?«
»Vor etwa einer Viertelstunde.«

*

Der Heilige Geist braucht Urlaub. Petrus schlägt ihm eine Erholungsreise auf dem Planeten Erde vor.
Der Heilige Geist wehrt erschrocken ab. »Bloß das nicht! Vor zweitausend Jahren habe ich da mal einen Flirt mit einer Jüdin gehabt. Und noch heute reden die Leute darüber.«

Bethlehem zur Weihnachtszeit. Maria und Josef suchen dringend ein Zimmer. Alles ausgebucht. Schließlich versuchen sie es in einem schäbigen Hotel am Stadtrand. Auf ihr Klingelzeichen schleppt sich der verschlafene Wirt an die Rezeption und fragt unwirsch: »Was wollen Sie?«
»Wir brauchen ein Doppelzimmer.«
»Aussichtslos.«
»Aber meine Frau ist in anderen Umständen.«
»Na und«, meint der Wirt, »damit hab' ich doch nichts zu tun!«
Sagt Josef: »Ja, glauben Sie vielleicht, ich?«

*

Drei Männer stehen auf dem Kölner Dom.
»Tolles Flugwetter«, sagt der erste und springt. Sanfte Landung. Der zweite springt und landet auch unversehrt.
Na, wenn die beiden das machen, sagt sich der dritte, kann es ja nicht schwer sein, und springt auch.
Da stößt der erste den zweiten an und sagt: »Also, dafür, daß wir zwei Engel sind, sind wir ganz schön gemein!«

*

Drei Frauen stehen vor der Himmelstür und begehren Einlaß. Petrus fragt, was sie auf Erden Gutes getan hätten.
Die erste: »Ich habe Kranke und Alte gepflegt.«
»Gut, du kommst herein.«
Die zweite: »Ich habe jeden Tag vier Stunden lang gebetet!«
»Okay, herein mit dir.«
Die dritte, errötend: »Meine Lieblingsbeschäftigung war die körperliche Liebe. Ich bin Nymphomanin.«
»Na ja«, seufzt Petrus. »Geh hinter Wolke neun – ich komme gleich.«

WAS HABEN SPARGEL UND PRIESTER GEMEINSAM? –
WENN SIE OBEN VIOLETT WERDEN, SIND SIE UNGENIESSBAR.

»Ich habe gesündigt«, beichtet der Pfarrer und schlägt verschämt die Augen nieder.
»Weiß ich schon alles«, sagt Petrus großmütig. »Deine Köchin ist schon seit längerer Zeit hier.«

*

Ein Mann kommt in den Himmel und hält sich den Bauch vor Lachen. Petrus betrachtet ihn zunächst nachsichtig, doch allmählich wird ihm das laute Gelächter zuviel.
»Lieber Mann, was finden Sie denn so komisch?«
Verrät der Ankömmling: »Lieber Petrus, schauen Sie doch mal selber da hinunter. Da schnippeln noch immer sechs Ärzte an mir herum – und ich bin schon seit einer halben Stunde tot!«

*

An der Himmelspforte hat Petrus zwei Eingänge eingerichtet; den linken Eingang für die Männer, die von ihren Frauen unterdrückt wurden, den rechten für Männer, die ihre Frauen unterdrückt haben. Links ist der Andrang groß, rechts steht ein einziger Mann.
Petrus fragt: »Sie stehen allein hier, hat das auch seine Berechtigung?«
»Ja, ja, meine Frau hat gesagt, ich soll mich hier anstellen.«

*

Ein Neuer kommt in den Himmel.
»Was für einen Beruf haben Sie denn?« will Petrus wissen.
»Installateur.«
»Großartig!« ruft Petrus begeistert. »Sie kommen gerade richtig. Bei uns ist schon seit einer Woche ein Wolkenabfluß verstopft.«

Der protestantische Pfarrer kommt in den Himmel. Petrus stellt ihm einen VW Golf zur Verfügung, damit er sich vergnügen kann. Unterwegs entdeckt er einen katholischen Würdenträger mit Mercedes und sagt zu Petrus: »Das finde ich nicht ganz fair.«
Petrus erklärt ihm: Der Geistliche hat es auf Erden weniger leicht gehabt, Zölibat und so, und soll jetzt etwas Entschädigung genießen.
Der Protestant fährt weiter, stößt auf einen Rabbiner mit Rolls-Royce. Er peilt nochmals Petrus an: »Also, der hat doch auf Erden geheiratet und hat es genauso gut gehabt wie ich.«
Sagt Petrus achselzuckend: »Nicht aufregen. Ich kann da gar nichts machen, das ist eine Angelegenheit unter Verwandten...«

*

»Lieber Petrus, mein ganzes Leben lang habe ich keinen Alkohol getrunken, keine Zigaretten geraucht und bin abends nie ausgegangen. Geschlechtsverkehr habe ich auch nie gehabt.«
»Gehen Sie nach nebenan und lassen Sie sich Flügel anpassen.«
»Oh, ich darf also wirklich als Engel umherfliegen?«
»Nein«, erwidert Petrus barsch, »als dumme Gans!«

*

Brigitte hat ihren Mann beerdigt. »Herr Pfarrer, wo kann er jetzt sein?« möchte sie wissen.
»Er steht vor der Pforte zum Paradies.«
»Vor der Pforte? Darf er denn nicht hinein?«
»Doch, er darf hinein, weil er ein braver Mann war, aber Sie haben ihm solche Hörner aufgesetzt, daß Petrus erst das Eingangstor vergrößern lassen muß, damit er durch kann!«

Petrus prüft die Neulinge.
»Wie oft bist du deinen ehelichen Pflichten nachgekommen? Und wie war es mit der Treue?...«
Der alte Heinrich berichtet: »Einmal im Monat, und bis auf diese eine leidige Urlaubsbekanntschaft damals war ich nur mit meiner Frau zusammen.«
»In Ordnung«, sagt Petrus. »Du kommst in den Himmel. Der nächste.«
»Lieber Petrus«, legt der flotte Erwin los, »verheiratet war ich nie. Ich hatte eben dauernd eine andere, und dreimal täglich war keine Seltenheit.«
»Ab in die Hölle!« grollt Petrus. »Du hast den Himmel bereits auf Erden gehabt!«

*

Ein reicher Gauner stirbt und kommt zum Himmelstor. Petrus fragt ihn, ob er denn in seinem Leben auch einmal etwas Gutes getan habe.
Der Gauner sagt eifrig: »Einmal habe ich für die Caritas zehn Mark gegeben und einmal fünf Mark für –«
Petrus wendet sich ärgerlich an den diensthabenden Erzengel: »Gib ihm die fünfzehn Mark zurück und schick ihn in die Hölle!«

*

Kurz nach der Pensionierung will Walter es noch mal wissen: Schönheitsfarm, Toupet auf die Glatze, Schönheitsoperation, jeden Tag Jogging, Hanteln, strenge Diät...
Nach drei Monaten lernt er eine tolle Blondine kennen, und sie heiraten.
Als das frischgetraute Paar aus der Kirche kommt, wird Walter vom Blitz erschlagen. Im Himmel beschwert er sich: »Wie konntest du mir das antun, nach all den Strapazen!«
Sagt Petrus schuldbewußt: »Ehrlich, Walter, ich hab' dich nicht mehr erkannt!«

NEIN, NEIN, DEIN START IST MISSGLÜCKT.
OH GOTT, ICH BIN ZU WEIT GEFLOGEN.

Ein Quizmaster kommt in den Himmel und wird von Petrus »standesgemäß« empfangen. »Du als Quizmaster hast doch die Leute dauernd was gefragt. Nun werde ich dir mal ein paar Fragen stellen. Wenn du sie richtig beantworten kannst, darfst du hier bleiben. Also: Wie hieß der erste Mensch?«
»Adam«, antwortet der Quizmaster prompt.
»Sehr gut. Und wie hieß der zweite Mensch?«
»Eva.«
»Hm.« Petrus nickt wohlwollend. »Jetzt die dritte und schwierigste Frage: Was sagte Eva, als sie sich das erstemal auf Adams Schoß setzte?«
Auf so was ist der Quizmaster nicht vorbereitet. Er kratzt sich am Kopf und murmelt: »Mann, das ist vielleicht ein Ding...«
Petrus schlägt ihm anerkennend auf die Schulter. »Komm ins Paradies, Erdenwurm. Auch diese Antwort war richtig!«

*

Ein Pfarrer und ein Reisebusfahrer warten zusammen vor der Himmelstür. Endlich macht Petrus auf.
»Komm rein«, sagt er zu dem Busfahrer.
»Moment mal«, ruft der Pfarrer, »warum denn zuerst der?«
»Das ist doch klar«, erwidert Petrus, »während du gebetet hast, haben die Leute geschlafen. Wenn der aber gefahren ist, haben sie gebetet!«

*

Ein tugendhafter Opa kommt in den Himmel. Bald darauf folgt ihm sein Freund und trifft ihn oben mit einem hübschen Mädchen auf dem Schoß.
»Das ist wohl die Belohnung für deine Tugend, was?« erkundigt sich der Freund.
»Im Gegenteil.« Der andere schmunzelt. »Ich bin ihre Strafe!«

Ein Frosch klopft an die Himmelspforte.
»Nun«, fragt Petrus, »wie heißt du denn?«
»Ich bin der Hugo.«
»Und was hast du früher so getrieben?«
»In der Sonne gelegen, rein ins Tümpelchen, raus aus dem Tümpelchen, in der Sonne gelegen, rein...«
»Schon gut, du darfst herein.«
Kurz darauf meldet sich der nächste Frosch: »Ich bin der Otto. Ich hab' in der Sonne gelegen, rein ins Tümpelchen, raus aus dem Tümpelchen, in der ...«
»Komm rein.«
Schon klopft wieder ein Frosch.
»Dein Name?« fragt Petrus.
»Ich bin das Tümpelchen.«

*

Alfons kommt in den Himmel und langweilt sich furchtbar. Ständig muß er Manna essen und Hosianna singen. Eines Tages überfliegt er die Hölle. Bei Bier und Schweinshaxen geben sich die Teufel den hübschesten Frauen hin. Prompt bittet Alfons den Petrus, vom Himmel in die Hölle geschickt zu werden. Kaum ist er dort, schickt Luzifer ihn in das ewige Fegefeuer.
»Das kann nicht die Hölle sein!« protestiert Alfons. »Ich habe doch von oben was ganz anderes gesehen!«
»Da hast du Pech gehabt!« antwortet der Teufel. »Du mußt über unsere Werbeabteilung geflogen sein.«